LA FÉDÉRATION DES
Naturalistes de l'Ontario

Insectes de A à Zzzz

Texte de Pamela M. Hickman

Illustrations de Judie Shore

Traduit de l'anglais par:
    Angèle Delaunois
    Marie-Claude Parenteau-Lebeuf
    Dominick Parenteau-Lebeuf

À mes jeunes naturalistes,
Angela et Connie.

—P.H.

Principales parties de l'insecte

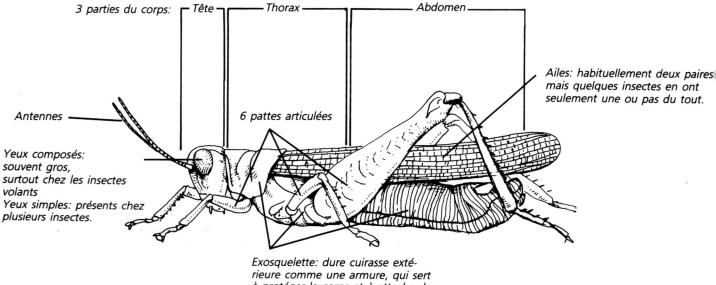

3 parties du corps: ┌ Tête ┐ ── Thorax ── ┌ ── Abdomen ──

Ailes: habituellement deux paires mais quelques insectes en ont seulement une ou pas du tout.

Antennes ——

6 pattes articulées

Yeux composés: souvent gros, surtout chez les insectes volants
Yeux simples: présents chez plusieurs insectes.

Exosquelette: dure cuirasse extérieure comme une armure, qui sert à protéger le corps et à attacher les muscles. Les insectes n'ont pas d'os.

Hickman, Pamela
   Insectes de A à Zzzz
   Traduction de: Bugwise.
   ISBN 2-7625-6543-X
   1. Insectes - Ouvrages pour la jeunesse.
2. Insectes - Problèmes et exercices - Ouvrages pour la jeunesse. I. Shore, Judie. II. Titre

QL467.2.H5414 1990   j595.7   C90-096248-8

Bugwise
Texte copyright © 1990 by Pamela Hickman et The Federation of Ontario Naturalists
Illustrations copyright © 1990 by Judie Shore
Publié par Kids Can Press Ltd, Toronto, Ontario.

Version française
© Les Éditions Héritage Inc. 1990
Tous droits réservés

Dépôts légaux: 2e trimestre 1990
Bibliothèque nationale du Québec
Bibliothèque nationale du Canada

ISBN: 2-7625-6028-4   Imprimé au Canada

LES ÉDITIONS HÉRITAGE INC.
300, Arran, Saint-Lambert, Québec J4R 1K5
(514) 875-0327

TABLE DES MATIÈRES

Les Insectes Aquatiques

As-tu déjà entendu l'expression «Il n'y a pas de fumée sans feu»? Sans te tromper, tu peux tout aussi bien dire «Il n'y a pas d'eau fraîche sans insectes». Dans les sources les plus froides et dans les plus chaudes, dans les flaques d'eau ou les grands lacs, partout les insectes abondent.

On appelle «insectes aquatiques» tous les insectes qui vivent dans l'eau mais aussi ceux qui circulent au-dessus de l'eau et ceux qui vivent dans les plantes aquatiques.

Regarde dans les pages qui suivent et découvre nos plus fascinants insectes aquatiques. Ensuite, promène-toi autour de chez toi et essaie de les reconnaître.

Les secrets de la respiration

Qu'est-ce que les plongeurs ont en commun avec les moustiques et les gyrins? Ils utilisent un équipement spécial qui les aide à respirer sous l'eau. À la différence que celui des insectes est intégré.

Les plongeurs

Combien de temps peux-tu tenir sous l'eau sans respirer? Probablement pas assez longtemps pour bien observer ce qui s'y trouve. C'est pourquoi beaucoup de gens nagent avec des bombonnes. Certains insectes le font aussi. La larve du moustique possède un siphon dans la partie supérieure de son abdomen. Elle se suspend à la surface de l'eau, tête en bas, et respire par ce siphon qui sort de l'eau. Si la petite larve veut plonger, elle pourra rester sous l'eau jusqu'à 10 minutes.

Quant à l'asticot d'érystale, son siphon est très spécial; il peut s'étirer jusqu'à 6 cm, comme un périscope. Ce gadget lui permet de respirer quand il se cache dans la vase.

Les scaphandriers

Contrairement aux plongeurs en apnée, ceux qui s'équipent avec des bombonnes ne sont pas obligés de rester près de la surface pour respirer. Ils portent leurs réserves d'air sur leur dos. Certains insectes font la même chose. Le dytique, par exemple, transporte une bulle d'air en dessous de ses ailes dures, les élytres. À la différence du plongeur, la petite bête ne retournera pas à la surface pour renouveler ses réserves. Où puisera-t-elle alors de l'air frais? À mesure qu'elle utilise l'oxygène de sa bulle, la pression y baisse. L'oxygène qui se trouve dans l'eau environnante se déplace alors vers celle-ci pour la remplir de nouveau.

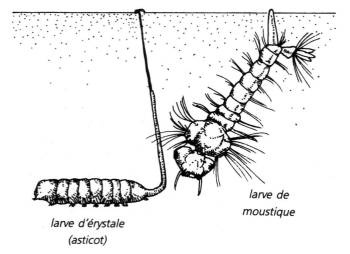

larve d'érystale
(asticot)

larve de moustique

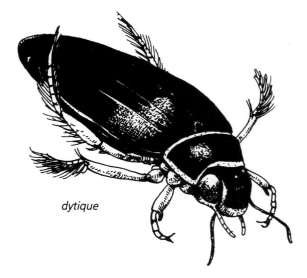

dytique

Une fourrure d'air

L'hydrophile porte lui aussi sa réserve d'air sous les couvertures de ses ailes, mais il en retient également une mince couche sur son plastron, emprisonnée par les milliers de petits poils qui poussent sur son corps. Quand il a besoin de «recharger ses batteries», il remonte, tête première, et transperce la surface de l'eau avec une antenne. Les poils couvrant cette antenne et sa tête se combinent pour se transformer en une sorte d'entonnoir qui permet à l'air de descendre remplir la bombonne et le plastron.

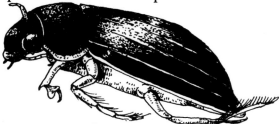

Les insectes-poissons

Tout comme les poissons, les larves des demoiselles et des éphémères respirent avec des branchies. Ces branchies placées à l'arrière ressemblent à des queues plumeuses.

Les très petits insectes larvaires, comme les chironomidés, n'ont pas besoin de branchies du tout. Ils respirent l'oxygène de l'eau directement à travers leur peau.

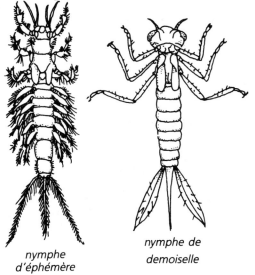

nymphe
d'éphémère

nymphe de
demoiselle

larve de moustique

Des plantes pour respirer

Il y a sûrement des plantes chez toi. Et bien, certains insectes les aiment aussi. Les tiges et les feuilles des plantes aquatiques contiennent de l'oxygène. Rien de plus facile pour l'insecte que de s'y creuser un chemin pour se retrouver dans une confortable bulle d'air. La larve d'une espèce de moustique utilise le bord très tranchant de son siphon pour percer des trous dans les plantes. Elle aspire ensuite l'oxygène comme tu le fais quand tu bois avec une paille.

Chasse au trésor dans la cuisine

Tu as sûrement entendu parler de la pêche à la mouche? Mais est-ce que ça te dit quelque chose de pêcher des mouches, ou d'autres bestioles aquatiques? Explore la cuisine afin de préparer le voyage de pêche de ta vie.

Tu as besoin:
d'une assiette peu profonde de couleur claire
d'une passoire attachée à un manche à balai
d'une paire de pinces
d'un petit pinceau
d'un seau pour ramasser les échantillons
d'une poire pour arroser la volaille
de petites bouteilles en plastique transparent
   (bouteilles à pilules par exemple)
d'un guide de poche sur la vie des insectes et
   des papillons
de gants en caoutchouc (facultatif mais utile
   dans l'eau froide)

1. Remplis ton assiette avec l'eau claire de l'étang. Ce sera ton vivier et ta base d'observation.
2. Plonge la passoire dans l'étang pour attraper les insectes les plus proches. Promène-la doucement autour des plantes pour y faire tomber les bestioles qui s'y trouvent.
3. Avec précaution, transfère toutes tes trouvailles dans ton vivier en utilisant les pinces ou le petit pinceau. Certains insectes, comme les ranatres et les léthocères, peuvent mordre, alors sois très prudent quand tu les captures.
4. Racle le fond vaseux et remplis ta passoire de boue. Ensuite secoue-la dans l'eau pour nettoyer et enlever la vase. Regarde s'il y a des insectes pris au piège et installe-les dans ton vivier.

5. Pour les observer de plus près, utilise la poire à arroser et transfère les insectes de l'assiette dans les petites bouteilles remplies d'eau.
6. Quand tu auras terminé l'examen de tes trouvailles et que tu les auras identifiées grâce au guide, relâche-les doucement dans leur habitat naturel.

Prends des notes
Examine tes captures:
• leur nombre de pattes
• leur couleur
• leur taille
• leur forme
• leur façon de se déplacer
• l'endroit où elles vivent

Fabrique un hydroscope

As-tu déjà marché pieds nus dans un étang en te demandant ce qui te chatouillait les orteils ou te frôlait les genoux? Ce serait formidable si tu pouvais rapetisser à la taille d'un poisson, et explorer le monde sous-marin. C'est malheureusement impossible mais tu peux quand même y jeter un coup d'oeil en fabriquant un hydroscope. Avec quelques objets faciles à trouver, deviens l'espion des profondeurs sous-marines.

Tu as besoin:
d'un ouvre-boîte
d'une boîte de jus propre d'un litre environ
de ruban adhésif résistant à l'eau
de papier cellophane transparent
d'un élastique large et fort
d'une paire de ciseaux

1. Enlève les deux extrémités de la boîte de jus avec l'ouvre-boîte. Avec le ruban adhésif, recouvre les bords coupants pour ne pas te blesser.

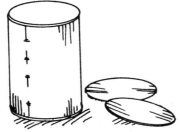

2. En étirant bien un morceau de cellophane, recouvre une des extrémités de la boîte. Maintiens-le en place avec l'élastique.

3. Avec la paire de ciseaux, découpe les bouts de cellophane qui dépassent et entoure le tout avec le ruban adhésif.

4. Vérifie si ton hydroscope fonctionne bien. Plonge-le dans un lavabo rempli d'eau, le bout recouvert de plastique en premier. Attention de ne pas laisser entrer l'eau par l'autre extrémité qui te sert à regarder.

5. Maintenant tu es équipé pour espionner tout ce qui se passe sous l'eau d'un étang ou d'un marécage.

6. Tu es prêt pour une visite à un étang ou un marécage et pour découvrir par toi-même tout ce qui grouille au fond de l'eau.

Hydroscope en bas

Voici un petit aperçu de ce que tu pourras voir quand tu espionneras les insectes sous l'eau. Attrape ton nouvel instrument et en route vers l'étang.

Plusieurs de ces créatures sont encore à l'état de larves ou de nymphes et seront très différentes quand elles seront plus vieilles. Tourne la page et constate à quel point elles ont changé. Regarde bien les noms et fais concorder les jeunes insectes aquatiques de cette page avec les insectes adultes des pages 12 et 13.

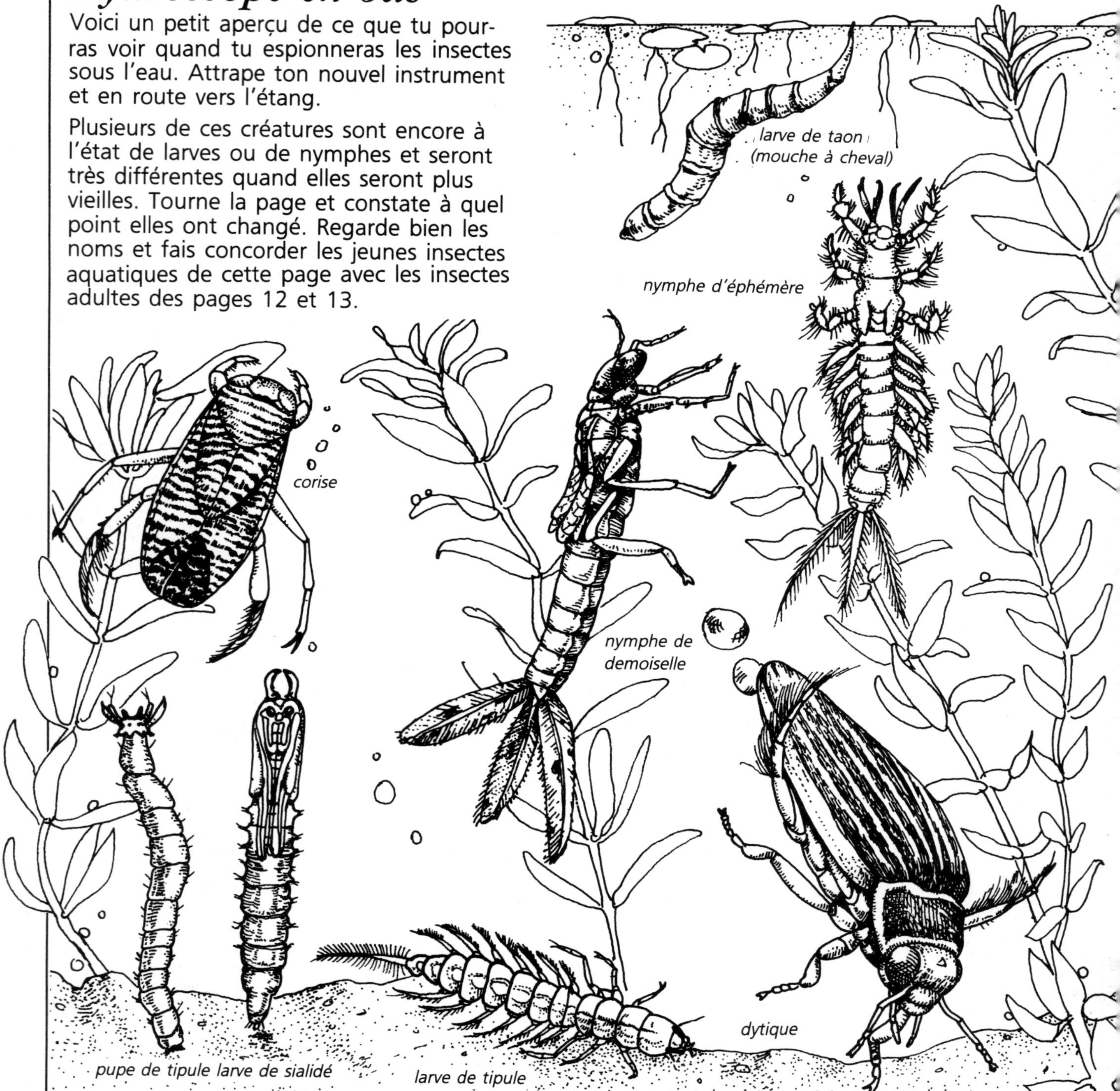

larve de taon (mouche à cheval)

nymphe d'éphémère

corise

nymphe de demoiselle

pupe de tipule *larve de sialidé*

larve de tipule

dytique

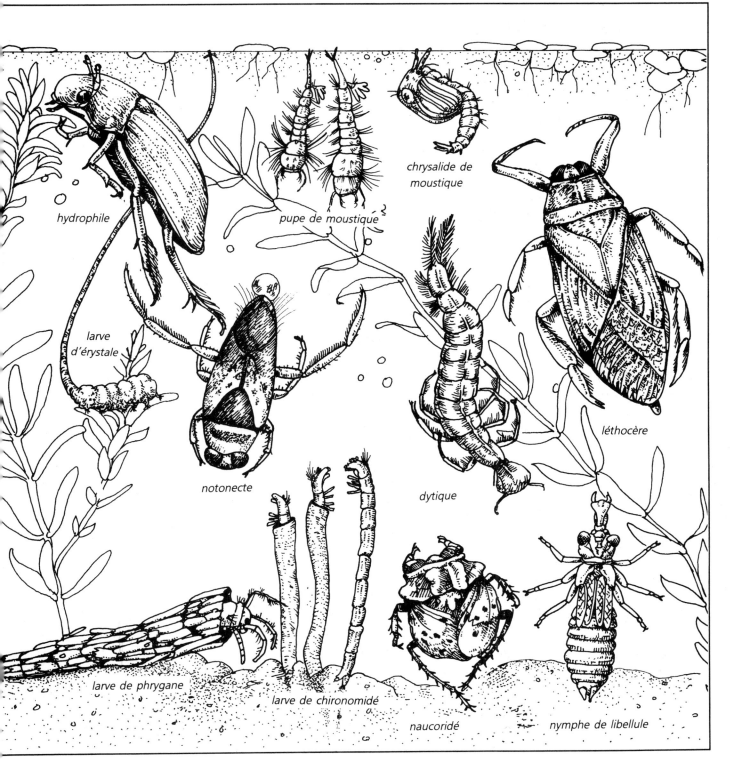

hydrophile

pupe de moustique

chrysalide de
moustique

larve
d'érystale

notonecte

dytique

léthocère

larve de phrygane

larve de chironomidé

naucoridé

nymphe de libellule

Hydroscope en haut...

Certains insectes peuvent marcher sur l'eau. De ce fait, ils sont plus faciles à observer. Même chose pour une foule de créatures se cramponnant aux plantes ou voletant aux alentours.

Bien souvent ces insectes volants sont les adultes des larves ou des nymphes vivant sous l'eau. Avant qu'elle parvienne à l'âge adulte, cette magnifique libellule ressemblait à la nymphe figurant dans le coin inférieur droit de la page précédente.

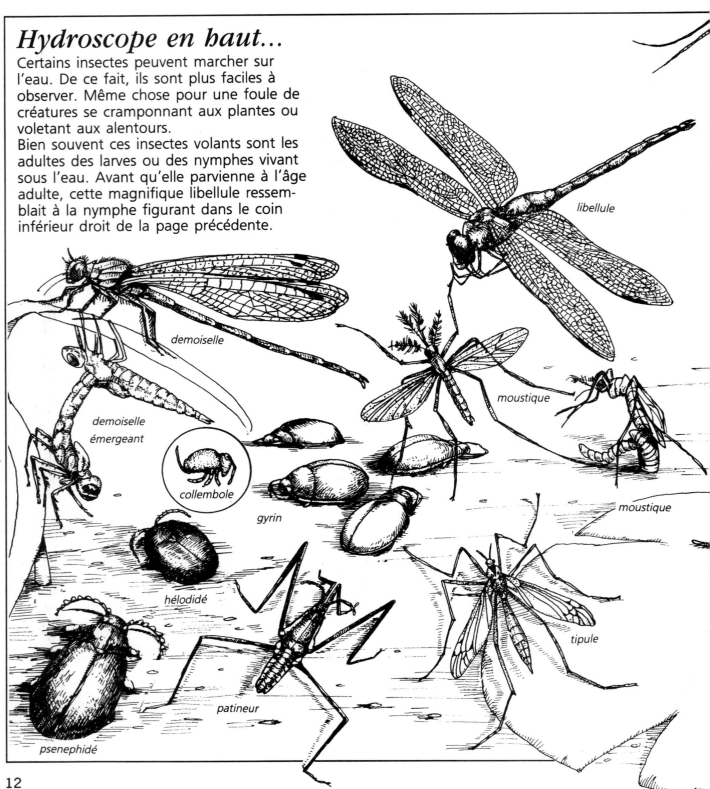

libellule

demoiselle

demoiselle émergeant

collembole

moustique

gyrin

moustique

hélodidé

tipule

patineur

psenephidé

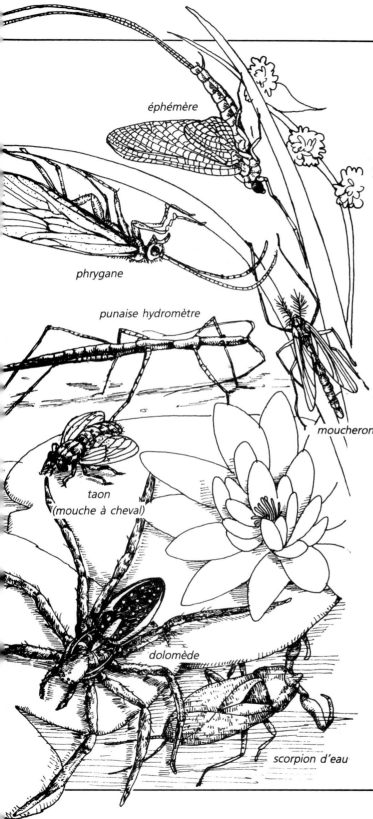

éphémère

phrygane

punaise hydromètre

moucheron

taon
(mouche à cheval)

dolomède

scorpion d'eau

Comment les insectes marchent-ils sur l'eau?
Ce serait fantastique de pouvoir traverser un étang sans se mouiller les pieds. Certains insectes peuvent le faire grâce à ce qu'on appelle la tension de surface. Au contact de l'air, la surface de l'eau devient plus résistante et plus élastique. Les molécules d'eau se collent très étroitement ensemble et forment comme un écran invisible. Tu peux vérifier cette résistance avec ce simple petit truc: remplis un verre d'eau et dépose délicatement une aiguille à l'horizontale sur le dessus. Fais bien attention de ne pas percer la surface avec l'aiguille. Même si l'aiguille est plus lourde que l'eau, elle flottera tant que l'écran n'aura pas été percé.

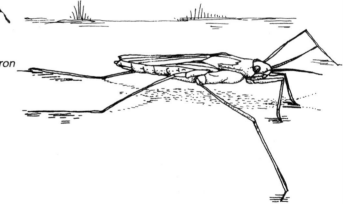

Tout comme cette aiguille, certains insectes, spécialement adaptés, peuvent flotter à la surface de l'eau. Le patineur, par exemple, a des pieds couverts de petites touffes de poils qui lui servent de raquettes, répartissant son poids sur la surface de l'eau. À la différence des autres insectes, le patineur porte ses griffes sur ses pattes et non à l'extrémité de ses «pieds» pour ne pas briser la surface de l'eau.

13

Les Insectes en Hiver

Brrr! Bien emmitouflé pour braver le froid, sors dehors pour traquer les insectes en hiver. Si tu sais où aller et où regarder, tu peux en trouver une surprenante variété. Découvre quelques-uns de leurs déguisements d'hiver et de leurs cachettes. Quand tes orteils et ton nez commencent à picoter, retourne à la maison et observe dans ton terrarium tout un monde d'insectes. Avec un minimum de matériel, tu peux observer les bestioles à longueur d'année.

Observe les insectes en hiver

Es-tu déjà allé camper en été? Si tu t'es endormi au son de la musique des moustiques, tu t'es sans doute réveillé au matin en te grattant des pieds à la tête. Si les bestioles t'embêtent, essaie le camping d'hiver. Il fera peut-être un peu plus froid mais au moins la plupart des insectes seront partis. Mais au fait, est-ce bien vrai?

Dans la neige poudreuse
Examine attentivement la neige poudreuse accumulée au pied d'un arbre. Les tout petits grains noirs que tu peux y voir sont probablement des insectes connus sous le nom de collemboles des neiges. Une queue en fourchette, repliée sous leur abdomen, libère un ressort qui les propulse à travers la neige. Pendant les jours tièdes, les collemboles se rassemblent en grand nombre sur la surface de la neige, se nourrissant de pollen, de spores et de moisissures.

abeille domestique

collembole

Barrière vivante contre le froid
Contrairement à plusieurs espèces d'abeilles et guêpes qui meurent quand les froids surviennent, les abeilles domestiques sont actives tout l'hiver. À l'automne, les ouvrières bouchent toutes les fentes de la ruche avec la gomme collante des bourgeons d'arbre, de la même façon qu'on étale un isolant autour des portes et des fenêtres pour que la chaleur de la maison ne s'échappe pas. Quand la température descend, plusieurs abeilles se rassemblent au centre de la ruche et agitent leur corps et leurs ailes pour créer de la chaleur. Les autres abeilles forment un anneau compact tout autour du groupe central pour en garder la chaleur intérieure. La température ne descend jamais sous 14 degrés Celcius, même durant les périodes très froides. Quand les «batteuses d'ailes» sont fatiguées, elles changent de place avec les abeilles de l'anneau. Durant les jours tièdes de l'hiver, les abeilles à miel sortent de la ruche et volent aux alentours.

Pas si gelé que ça!

Les ruisseaux peu profonds qui coulent vite gèlent très rarement en hiver. Cela veut dire que les nymphes de plécoptères qui y vivent peuvent émerger de l'eau et se transformer en adultes. Observe les rochers, les ponts ou les troncs d'arbres pour les voir se mouvoir lentement. Durant les jours tièdes de l'hiver, tu peux même les apercevoir en train de voleter au-dessus de l'eau.

plécoptère adulte

nymphe de plécoptère

corise

dytique

Sous la glace

Les étangs gelés sont peut-être trop froids pour toi mais ils servent d'abri à plusieurs insectes aquatiques. Les corises et les notonectes habitent dans les poches d'air retenues sous la glace ou se cramponnent aux restes des plantes. Durant les périodes les plus froides, les dytiques hibernent dans le fond de l'étang mais ils redeviennent actifs quand le printemps arrive. Les patineurs abandonnent aussi leur lit de boue pour réapparaître à la surface au moindre dégel. Attention, ne te promène jamais seul au bord d'un lac ou d'un étang gelés et ne t'aventure surtout pas sur la glace!

17

Trésors enfouis

T'es-tu déjà demandé où les papillons de nuit s'en vont à l'automne et d'où ils reviennent en été? Ils hibernent comme plusieurs animaux, mais pas dans les cavernes comme les chauves-souris. Plusieurs espèces de papillons de nuit passent l'hiver à l'intérieur d'un cocon. Ils ont un cycle de vie en quatre étapes semblable à celui des papillons de jour:

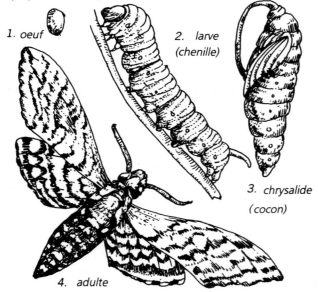

1. oeuf

2. larve (chenille)

3. chrysalide (cocon)

4. adulte

En été, les adultes pondent des oeufs qui, en quelques semaines, éclosent et deviennent des chenilles. Ces chenilles passent leur été à ne rien faire à part manger. En automne, bon nombre d'entre elles creusent le sol et se transforment en chrysalides. La terre les garde au chaud durant l'hiver et les protège des oiseaux et des souris affamés. Finalement, au printemps, elles se transforment en adultes.

Au moyen de quelques outils, tu peux ramasser des chrysalides à la fin de l'hiver et observer leur métamorphose en adultes, tard au printemps. C'est comme si tu découvrais un trésor enfoui et patientais longtemps avant de l'ouvrir.

Tu as besoin:

d'un déplantoir ou d'une truelle
d'un contenant en plastique (margarine ou yogourt) tapissé d'ouate ou
 de papier journal déchiqueté
de terre ou de vermiculite (chez la
plupart des pépiniéristes)
d'eau
d'un morceau de moustiquaire
 de 25 à 30 cm de largeur
d'une paire de ciseaux
de ruban adhésif
d'un bâton de la grosseur d'un crayon
 de 25 cm de longueur
d'une assiette d'aluminium

1. Quand le sol est dégelé, trouve un arbre (peuplier, bouleau, saule, hêtre, frêne) et creuse autour des racines. Plusieurs chenilles préfèrent un terreau sablonneux; donc, elles évitent les endroits argileux, rocailleux ou boueux. Creuse un trou d'environ 15 cm de profondeur du côté nord de l'arbre et à 20-25 cm du tronc. Tu devrais également trouver des chrysalides sous les morceaux d'écorce décollés à la base de l'arbre. Regarde aussi avec attention du côté des racines.

2. Quand tu as trouvé 2 ou 3 chrysalides, dépose-les avec précaution dans ton contenant tapissé et emporte-les à la maison.

3. Couvre les chrysalides avec 3 cm de terre stérilisée ou de vermiculite et garde-les dans le sous-sol de ta maison ou tout autre endroit frais. (Pour stériliser la terre, étends-la sur une tôle à biscuits dans un four à 175 degrés Celcius pendant 20 minutes.)
4. Humidifie légèrement le sol avec de l'eau 2 fois par semaine.
5. Le printemps venu, examine régulièrement tes chrysalides pour détecter tout signe de mouvement, de changement d'apparence, de couleur ou de séparation de la peau. Ce sont des signaux qui indiquent que les adultes sont prêts à apparaître.

6. À ce moment-là, roule la toile moustiquaire en forme de tube et coupe-la pour qu'elle se tienne juste à l'intérieur des bords de ton contenant. Avec le ruban adhésif, scelle le côté. Place le bâton à la verticale dans le contenant et mets l'assiette d'aluminium sur le dessus pour former une cage, comme sur l'illustration.

7. Garde un oeil sur tes trésors et admire un des miracles de la nature: la peau de la chrysalide se sépare sur son dos, permettant à l'adulte de sortir lentement.

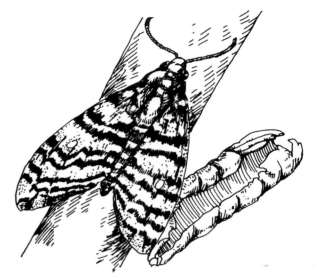

8. Les papillons de nuit adultes grimperont sur le bâton et feront sécher leurs ailes. À l'intérieur du cocon, les ailes sont pliées et serrées. Quand l'adulte peut s'étirer, les fluides du corps sont transportés dans les ailes, leur permettant de se déployer jusqu'à leur grandeur normale de vol. Au bout d'une journée, libère tes papillons de nuit. Tu peux garder ton cocon comme souvenir ou comme pièce de collection.

Échange de bons procédés

Les photographes naturalistes élèvent quelquefois leurs propres papillons de nuit et papillons de jour. Dans la nature, les insectes ont souvent les ailes ou certaines parties du corps abîmées, mais les spécimens élevés à la maison sont habituellement parfaits pour les photos. De plus, le photographe n'a pas à les chercher ou à attendre des heures pour qu'ils se posent avant de prendre ses photos. Pourquoi ne pas essayer de photographier ta chrysalide et ton adulte?

Jette un coup d'oeil sur une plante

As-tu déjà vu un plant de verge d'or avec une bosse ronde et ovale sur sa tige? Ces formes bizarres, appelées galles, ne sont pas des parties naturelles de la plante. Elles sont causées par une mouche ou un papillon de nuit qui y prend ses quartiers d'hiver. Les galles de verge d'or sont parmi les plus communes mais on trouve aussi des galles sur les bourgeons, les feuilles, les fleurs, les tiges, les petites branches et même sur les racines des fleurs, des arbustes et des arbres.

Le paradis dans une galle

Les galles de verge d'or se forment lorsqu'un insecte adulte pond un oeuf sur la surface de la tige. Quand l'oeuf éclot, la larve blanche qui en sort rampe sur la tige, y perce un trou et s'enfouit à l'intérieur. Cette invasion dérange la plante qui répond à l'irritation en fabriquant des couches épaisses de tissu végétal autour de la larve. C'est ce qui forme la galle. À l'intérieur de la galle, la larve est au paradis des insectes. Elle est entourée par de la nourriture (la plante elle-même), à l'abri du froid de l'hiver et de la plupart des prédateurs. Vivre dans une galle, c'est comme avoir une chambre douillette avec un réfrigérateur bien rempli. La plupart des habitants des galles passent l'hiver sous forme de larves et tôt au printemps, ils se transforment en chrysalides. Au début de

l'été, la petite mouche adulte ou le papillon de nuit perce un petit trou dans la galle et émerge à l'air libre, complétant ainsi son cycle de vie.

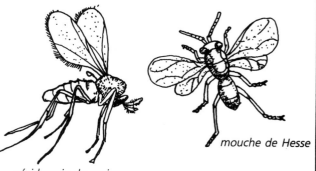

Ah la galle!

En Amérique du Nord, il y a plus de 1 500 insectes qui habitent dans des galles. Les plantes et les arbres peuvent vivre sans galles, mais cependant, elles sont utiles aux humains. Jadis, on faisait bouillir ces galles pour en extraire les pigments (couleurs naturelles). Ces couleurs étaient utilisées pour teindre la laine, la peau, les cheveux et le cuir. L'acide tannique, qui sert au tannage des peaux et à la fabrication de l'encre, est fabriqué, lui aussi, avec des galles d'insectes.

cécidomyie du rosier

mouche de Hesse

Collectionne les galles

Fascinants mini-habitats pour de minuscules insectes, les galles sont faciles à collectionner.

Tu as besoin:
d'une paire de ciseaux
d'un sac
d'un «x-acto» ou d'un canif
de pots vides
de gaze ou de coton
   fromage
d'élastiques

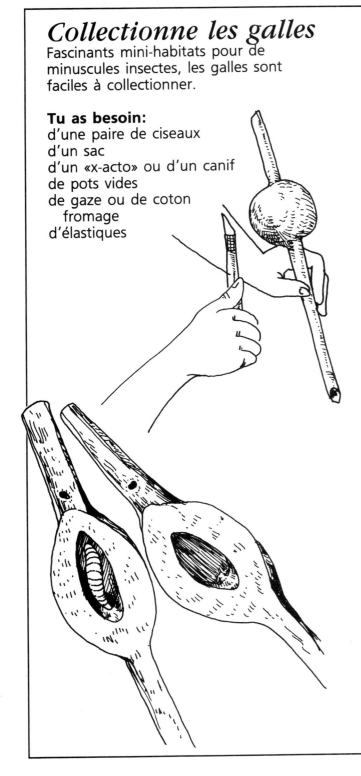

1. À la fin de l'été, en automne ou en hiver, promène-toi à travers un champ de verges d'or et recueille plusieurs galles rondes et ovales. Utilise ta paire de ciseaux pour couper les tiges. Place tes galles dans un sac. Essaie de collectionner plusieurs sortes de galles afin de comparer leurs tailles, leurs formes et leurs occupants. On en trouve aussi en abondance sur les chênes, les peupliers et les saules.

2. À la maison, ouvre quelques-unes des galles. Demande à un adulte de les fendre avec un couteau tranchant. Fais attention de ne pas endommager la larve qui est à l'intérieur. Si la galle est vide, cherche les sorties empruntées. La galle a probablement été abandonnée dans le courant de l'année ou encore une mésange ou un pic affamés l'ont dénichée avant toi. Quelquefois tu y trouveras un résident inattendu: un parasite qui a tué l'occupant, ou une araignée, une abeille, une fourmi, un coléoptère ou un thrips qui vient juste d'emménager dans la galle vide.

3. Place un échantillon de chaque sorte de galle dans des pots couverts avec de la gaze maintenue en place par un élastique.

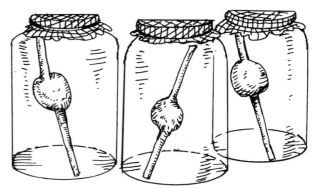

4. Range les pots dans un endroit frais comme un garage ou un balcon et laisse-les là pendant plusieurs mois. Tard au printemps, observe la sortie des minuscules insectes adultes.

Installe un terrarium

S'agenouiller et se servir de ses mains est une excellente façon de trouver des insectes, surtout dans les bois. Mais quand il fait froid ou que le sol est mouillé, tu ne peux pas y rester trop longtemps. Cependant, tu peux recréer une mini-forêt dans ta maison en installant un terrarium.

Tu as besoin:

d'un gros pot en verre avec un couvercle de gaze
de sable ou de gravier
de petits morceaux de charbon de bois non traité
d'un morceau de bûche pourrie
d'un déplantoir ou d'une truelle
d'un peu d'humus ramassé en forêt et contenant des feuilles mortes
d'eau
de quelques plantes de forêt et des mousses que tu auras ramassées autour de la bûche
d'un élastique

1. Tourne ton pot sur le côté. Le côté du pot est maintenant le fond de ton terrarium.
2. Pour un bon drainage, place une épaisseur de petits graviers ou de sable au fond du terrarium.

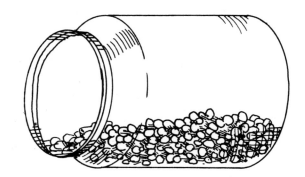

3. Saupoudre une mince épaisseur de charbon de bois sur le sable ou le gravier pour garder le sol frais.

4. Emporte ton terrarium dans la forêt et trouve une petite bûche pourrie pleine de vie. Souviens-toi, tu ne peux rien prélever dans les parcs, les zones protégées et les réserves fauniques. Si tu es sur une propriété privée, demande la permission d'abord. Récolte seulement quelques spécimens pour ne pas trop déranger l'environnement.
5. Ajoute la terre et les feuilles mortes prises autour de la bûche pourrie pour obtenir une épaisseur de 5 à 7 cm.

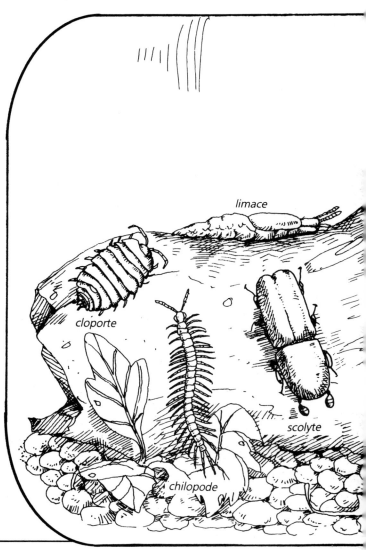

limace

cloporte

scolyte

chilopode

6. Humidifie légèrement le mélange et modèle des petits monticules pour simuler les variations naturelles du sol forestier.
7. Brise délicatement un morceau de la bûche pourrie et place-le dans ton terrarium. Prends-en un bout aussi gros que possible sans qu'il soit coincé dans le pot.

8. Arrache des mousses et des petites plantes qui poussent autour de la bûche et dispose-les dans ton terrarium de la même façon que tu les as trouvées dans la nature. Appuie fermement sur les plantes et humecte-les avec de l'eau. Ton terrarium doit être conservé humide, sans être trempé.
9. Place la gaze sur l'ouverture du pot et fixe-la avec un élastique.
10. À la maison, place ton récipient dans un endroit où il recevra de la lumière naturelle, de l'air frais et des températures variant entre 18 et 24 degrés Celcius. Évite la lumière violente, l'air trop sec et les courants d'air. Place des objets lourds, comme des livres, à l'avant et à l'arrière de ton terrarium pour l'empêcher de rouler.
11. Quand tu en as assez de ton terrarium, reporte ses habitants dans leur habitat naturel quand la température est clémente.

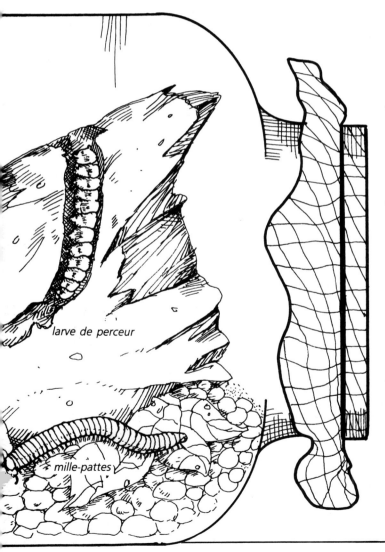

larve de perceur

mille-pattes

Prends des notes
Garde un crayon et un cahier de notes près du terrarium afin d'y inscrire tous les événements intéressants. Essaie de faire une liste ou un dessin de toutes les petites bêtes que tu vois. Quand tu regardes ce monde miniature, tente de répondre à ces questions:
☐ *Quelle est la couleur, la taille, la forme, le nombre de pattes, etc. de chaque animal?*
☐ *Où vivent les différentes créatures?*
☐ *Se promènent-elles ou restent-elles en place?*
☐ *Comment bougent-elles?*
☐ *Sont-elles plus actives à certains moments du jour ou de la nuit?*
☐ *Que mangent-elles?*
☐ *Que font les animaux avec les plantes et la terre?*

Mouches d'intérieur

BZZZZZ BZZZZZ BZZZZZ... Peux-tu deviner ce que c'est? C'est le bruit familier d'une mouche domestique prise au piège dans une fenêtre. Quand les températures chaudes arrivent, les mouches qui ont passé l'hiver dans les murs ou les greniers essaient de s'échapper. La plupart des gens sont très contents de les voir s'en aller. Mais avant de leur dire adieu, observe-les.

Pieds d'acrobate

Comment les mouches font-elles pour marcher la tête en bas sans tomber? Leurs six pieds sont spécialement pourvus d'une paire de petites griffes qui les aide à se cramponner aux surfaces dures. Mais comment font-elles alors pour marcher sur du verre lisse? En dessous de chaque griffe, deux minuscules coussinets couverts de poils libèrent une sorte de colle qui permet aux mouches d'adhérer à la vitre ou aux plafonds sans tomber.

Ailes de mouche

Les mouches domestiques sont des as du vol. Elles battent des ailes 11 000 fois à la minute et peuvent voler à une vitesse moyenne de 8 km/h. C'est ce battement rapide qui produit le bourdonnement que tu entends quand une mouche vole près de toi. À la différence des papillons et des libellules, les mouches ont une seule paire d'ailes. À la place des ailes postérieures, des petites baguettes situées sur leur thorax et appelées «haltères» agissent comme stabilisateurs durant le vol.

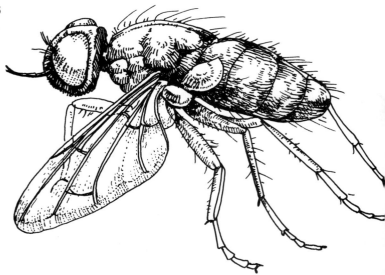

As-tu déjà remarqué les petites lignes noires sur les ailes d'une mouche? Ce sont des veines. Tout comme tes veines transportent le sang dans les différentes parties de ton corps, les veines de la mouche font la même chose jusqu'au bout de ses ailes. Quand l'adulte émerge de sa chrysalide, les veines pompent aussi de l'air pour aider les ailes pliées à se déployer. Enfin, de la même façon que les goujons d'un cerf-volant, elles affermissent les ailes en leur donnant du support.

Yeux de mouche

Quand tu tiens une passoire devant ton visage et que tu regardes au travers, tu vois plusieurs petits trous braqués dans des directions différentes. Les yeux composés de la mouche et de plusieurs autres insectes sont faits un peu sur ce principe. Tu as une seule lentille dans chaque oeil mais un oeil de mouche domestique possède plus de 4 000 lentilles de forme hexagonale. Tout comme les trous de la passoire, chaque hexagone, situé dans un angle légèrement différent des autres, voit une petite partie de l'image. Quand toutes les minuscules parties sont mises ensemble, l'insecte voit une mosaïque. Plus il y a de facettes à la lentille, plus

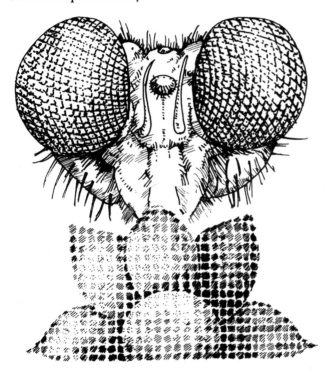

l'image est claire. Cependant, même si les yeux à facettes des mouches ont l'air d'être super, ils ne fonctionnent pas aussi bien que tes yeux. Les insectes sont incapables d'ajuster la distance dans leurs yeux; donc, même s'ils peuvent très bien voir un mouvement, les images restent floues au-delà d'un mètre. De plus, comme ils n'ont pas de paupières, leurs yeux restent ouverts nuit et jour, même quand ils dorment.

Une mouche dans le sucrier

Rien qu'en marchant dessus, les mouches peuvent voir si une nourriture vaut la peine d'être mangée. Peux-tu t'imaginer marchant sur une pizza ? Si tu vois des mouches dans ton sucrier, ne panique surtout pas! La bouche de la mouche étant conçue uniquement pour aspirer les liquides, elle ne peut pas manger de sucre. Pour arriver à ses fins, elle doit d'abord cracher de la salive sur la nourriture convoitée afin de la rendre liquide pour ensuite l'aspirer.

Petites histoires de mouche

☐ *L'expression «se reproduire comme des mouches» vient de la capacité fantastique des mouches à se multiplier. Chaque femelle pond environ 1 000 oeufs en l'espace de quelques semaines.*

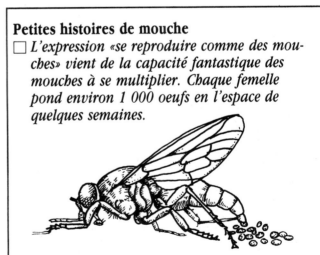

☐ *Ne te laisse pas tromper par la minutie avec laquelle la mouche fait sa toilette. Une seule mouche domestique transporte des millions de germes à l'intérieur et à l'extérieur de son corps.*

Déguisements d'hiver

Certains insectes passent l'hiver sous forme d'oeufs, d'autres sous forme de larves, de chrysalides ou même d'adultes. Chaque étape a ses propres avantages pour assurer une survivance hivernale.

Les oeufs résistent de façon surprenante au froid. Les oeufs de quelques moustiques sont même adaptés pour éclore dans l'eau glacée laissée par la neige fondante.

Bien cachées et entourées de nourriture, les larves, installées dans les galles, peuvent manger et croître tout l'hiver.

Certaines chrysalides, comme celles des papillons de nuit, ne se nourrissent pas du tout et passent l'hiver à attendre le printemps pour devenir adultes. Le cocon scellé protège l'insecte de la mauvaise température et des prédateurs affamés.

Quelques insectes, comme les morios, hibernent à l'âge adulte, ce qui leur permet de s'accoupler et de se reproduire très tôt au printemps.

Où regarder

En hiver, tu peux trouver des insectes qui hibernent à peu près partout. Quelques-uns passent la saison froide sous terre, d'autres se cachent sous des pierres, des rochers, des bûches pourries, des lambeaux d'écorce ou des feuilles. On les trouve aussi plus près de nous sous les porches, dans les voies de garage ou derrière les bardeaux. Certaines bestioles plus rusées essaient d'emménager à l'intérieur des maisons pour y passer un hiver bien au chaud.

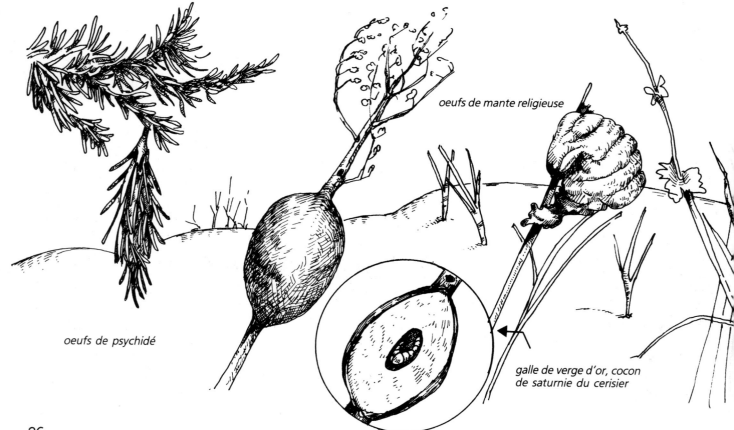

oeufs de mante religieuse

oeufs de psychidé

galle de verge d'or, cocon de saturnie du cerisier

26

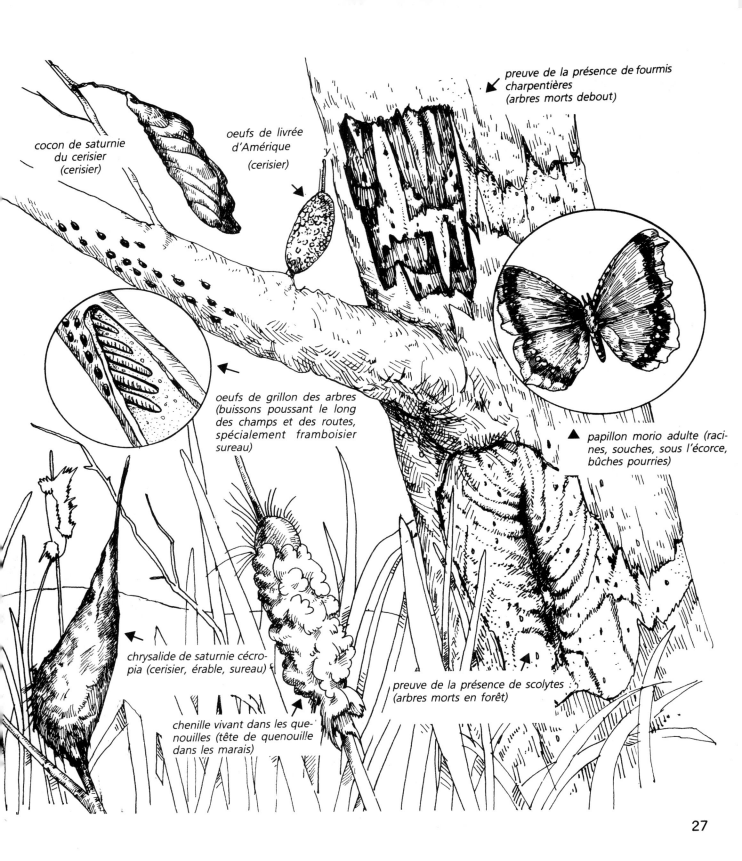

cocon de saturnie du cerisier (cerisier)

oeufs de livrée d'Amérique (cerisier)

preuve de la présence de fourmis charpentières (arbres morts debout)

oeufs de grillon des arbres (buissons poussant le long des champs et des routes, spécialement framboisier sureau)

papillon morio adulte (racines, souches, sous l'écorce, bûches pourries)

chrysalide de saturnie cécropia (cerisier, érable, sureau)

chenille vivant dans les quenouilles (tête de quenouille dans les marais)

preuve de la présence de scolytes (arbres morts en forêt)

27

À la Recherche des insectes

Silence S.V.P!

Abeille à chenille

Coléopté à libellule

Réf. insectes

ENCY IN

Ce qu'il y a de bien dans l'observation des insectes, c'est que tu peux toujours en trouver car ils sont partout. Les insectes vivent souvent dans des endroits où tu n'aurais jamais songé à aller voir: dans les feuilles, sous l'écorce ou encore dans le sous-sol de ta maison.

Lis ce qui suit et découvre l'art de traquer, pourchasser et dénicher un nombre incroyable de petits insectes grouillants et bondissants.

L'équipement du parfait chasseur d'insectes

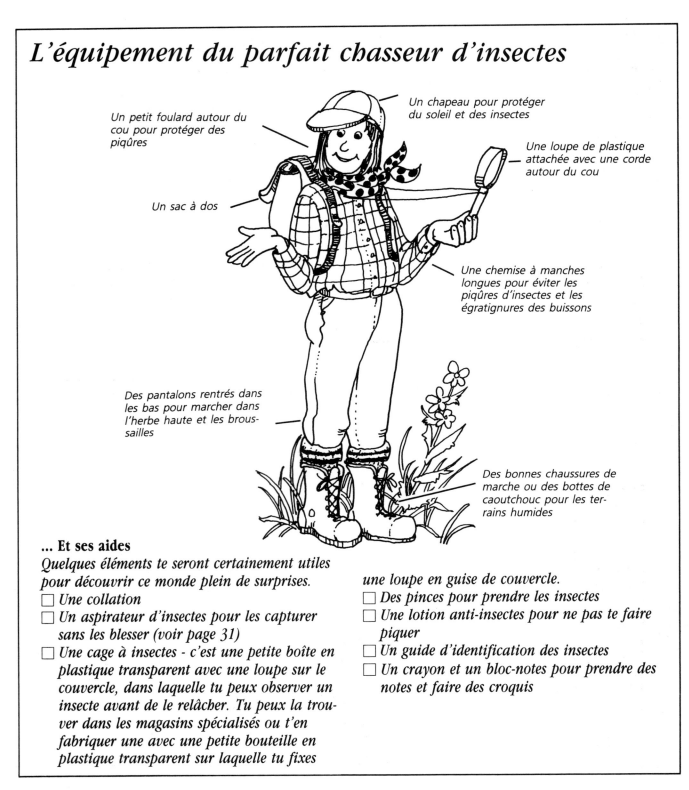

Un petit foulard autour du cou pour protéger des piqûres

Un chapeau pour protéger du soleil et des insectes

Une loupe de plastique attachée avec une corde autour du cou

Un sac à dos

Une chemise à manches longues pour éviter les piqûres d'insectes et les égratignures des buissons

Des pantalons rentrés dans les bas pour marcher dans l'herbe haute et les broussailles

Des bonnes chaussures de marche ou des bottes de caoutchouc pour les terrains humides

... Et ses aides
Quelques éléments te seront certainement utiles pour découvrir ce monde plein de surprises.

☐ Une collation
☐ Un aspirateur d'insectes pour les capturer sans les blesser (voir page 31)
☐ Une cage à insectes - c'est une petite boîte en plastique transparent avec une loupe sur le couvercle, dans laquelle tu peux observer un insecte avant de le relâcher. Tu peux la trouver dans les magasins spécialisés ou t'en fabriquer une avec une petite bouteille en plastique transparent sur laquelle tu fixes une loupe en guise de couvercle.
☐ Des pinces pour prendre les insectes
☐ Une lotion anti-insectes pour ne pas te faire piquer
☐ Un guide d'identification des insectes
☐ Un crayon et un bloc-notes pour prendre des notes et faire des croquis

Fabrique un aspirateur d'insectes

Que peux-tu faire avec un petit pot et deux pailles? Un magnifique aspirateur d'insectes, bien sûr!

Tu as besoin:
d'un marteau
d'un gros clou
d'un couvercle
de 2 pailles flexibles ou de 2 tubes de plastique à aquarium
de ruban adhésif
d'un petit morceau de coton à fromage
d'un petit pot (un pot de nourriture pour bébé par exemple)

1. À l'aide du clou et du marteau, fais deux trous dans le couvercle du pot, d'un diamètre de 0,5 cm chacun, et distants de 3 cm l'un de l'autre.
2. Retourne ton couvercle et aplatis les parties pointues des trous avec le marteau.
3. Fais passer les pailles dans chacun des trous et scelle bien tout autour avec du ruban adhésif.
4. Sur le bout inférieur d'une des pailles, fixe un morceau de coton à fromage. Cela t'empêchera d'aspirer les bestioles.
5. Ferme bien le pot avec le couvercle.
6. Pour attraper un spécimen, place une paille à côté d'un petit insecte. Ensuite, aspire très fort au moyen de la paille protégée par le coton. L'insecte sera aspiré par l'autre paille dans le pot. Maintenant tu peux l'observer facilement avant de le relâcher.

Fabrique un chapeau anti-insectes

Pour les journées bourdonnantes d'insectes, protège ta figure avec ce chapeau facile à faire.

Tu as besoin:
d'un morceau de moustiquaire ou de tulle
d'un chapeau (à larges bords de préférence)
d'une aiguille
de fil
d'une paire de ciseaux

1. Coupe une bande de moustiquaire d'une largeur de 35 cm et d'une longueur égale au bord extérieur du chapeau en ajoutant 5 cm.
2. Couds les bouts ensemble pour former un tube.
3. Fixe ce tube sur le bord du chapeau. Les coutures doivent être serrées pour ne pas laisser la chance aux insectes d'entrer.
4. Enfile ton chapeau et rentre le bout de voile qui dépasse dans le col de ton chandail.

En route!

La meilleure façon de dénicher des insectes, c'est d'aller faire un tour dehors. Tu peux découvrir où vivent les chrysopes, comment les chenilles marchent, ou ce que les perce-oreilles mangent. Alors équipe-toi et pars à la découverte!

Un sujet pour chaque promenade
Une chasse aux libellules ou aux grillons? Si tu as des insectes favoris, concentre-toi sur eux. Trouve leurs endroits préférés et va les observer. Par exemple, les libellules aiment circuler aux alentours des points d'eau, mais les grillons préfèrent les herbes hautes et les fleurs des champs. Si tu te concentres sur une ou deux espèces, tu auras plus de facilité à les identifier et tu en auras appris beaucoup plus à leur sujet. Tu peux observer certaines caractéristiques comme leur couleur, leur taille, la forme de leurs ailes et commencer à reconnaître quelques spécimens. Certaines régions possèdent des répertoires pour les insectes. Par exemple, pour les papillons, cette liste énumère toutes les espèces qui ont été retrouvées dans des endroits particu-

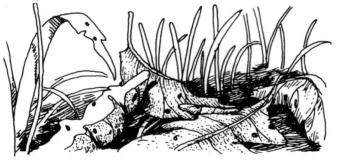

liers. Quand tu identifies un papillon, vérifie sur la liste si celui-ci a bien été répertorié dans la région où tu l'as vu. À cet effet, contacte le service de la faune ou le musée d'histoire naturelle de ta région et demande s'il n'y aurait pas des listes de ce genre que tu pourrais utiliser.

Petites balades
Qui a dit que les promenades devaient être longues et se faire en marchant? Tout en explorant, repose tes pieds. Essaie de ramper sur tes mains et tes genoux, en prenant vraiment le temps de regarder le sol pour y découvrir toutes les petites bêtes bien cachées. Tu peux aussi laisser courir tes doigts. Trouve un morceau de bois pourri et émiette-le avec des pinces ou avec tes mains. Tu peux aussi examiner un arbre: pars du sol et remonte lentement en regardant sous l'écorce, dans les rainures, dans les trous, sous et sur les feuilles, les bourgeons, les fleurs, les graines, les cônes et les noix. Tu pourras ainsi circuler pendant des heures sans jamais avoir mal aux pieds.

Quelques trucs

Plusieurs insectes préfèrent les endroits sombres et tranquilles. Il faut se montrer très persuasif pour les faire venir au grand jour. Voici quelques petits trucs pour y parvenir.

La vie souterraine

Les insectes qui vivent sous terre sortiront peut-être si tu les attires avec des sucreries ou une gourmandise quelconque. Voici comment:

Tu as besoin:

d'un déplantoir ou d'une truelle
d'une boîte de conserve vide
d'une cuillère
de beurre d'arachide et de confiture

1. Dans un champ ou un bois, creuse un trou assez grand pour y placer la boîte. Tasse la terre tout autour, en t'assurant que le bout de la boîte est au niveau du sol.
2. Mets quelques cuillerées de confiture dans la boîte et étends une mince couche de beurre d'arachide autour du bord.

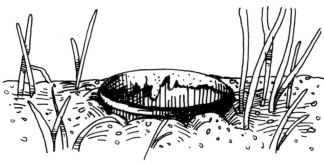

3. Laisse ton piège pendant plusieurs heures ou pour la nuit et reviens voir ce que tu as attrapé.
4. Après avoir bien observé tes captures, laisse-les s'en aller. Enlève la boîte et referme le trou. Essaie de placer ta boîte dans différents habitats et compare les sortes et le nombre de petites créatures que tu as capturées.

Terminus, tout le monde descend!

Les petits buissons sont de superbes cachettes pour les insectes. Même s'ils s'accrochent, en leur secouant les puces, tu peux parvenir à les regarder de plus près. Prends un vieux drap blanc ou de couleur pâle et étends-le sur le sol sous un buisson. Secoue le buisson: une grande variété de bestioles tomberont sur ton drap. Quand tu auras fini de les regarder, replace-les près du buisson et elles regrimperont ou voleront s'y réfugier.

Coucou là-dessous!

Lors de ta prochaine sortie, joue à cache-cache avec la nature. Plusieurs petites créatures se cachent sous les rochers, les pierres ou le bois pourri. Soulève doucement ces cachettes et regarde la vie qui grouille dessous. Avec un peu de chance, tu trouveras des coléoptères, des fourmis, des cloportes, des chilopodes, des mille-pattes, des escargots, des limaces, des vers de terre peut-être et même une salamandre.
Quand tu auras fini, n'oublie pas de replacer les pierres ou le bois où ils étaient pour que les petites créatures soient protégées.

Mesdames les abeilles... Mesdemoiselles les guêpes!

Il y a plus de 3300 espèces d'abeilles et de guêpes en Amérique du Nord. Alors, il y a des chances pour que tu découvres quelques-uns de leurs incroyables nids. Si tu as peur des vaillantes abeilles, attends l'hiver car la plupart des nids sont vides, leurs occupantes étant mortes de froid. S'il y a de l'activité autour du nid, avec des abeilles ou des guêpes entrant et sortant, reste à une bonne distance. Il est possible d'identifier les propriétaires de la ruche par sa forme extérieure. Voici un petit guide pour les nids les plus communs. Associe les nids à leurs occupants. (Réponses en page 96)

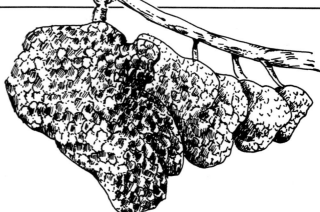

Travaux de cire
Mes soeurs et moi travaillons par centaines à fabriquer des cellules hexagonales en cire que nous collons ensemble par milliers pour faire des alvéoles. Tu peux trouver nos nids dans les trous, les arbres creux ou les crevasses, mais tu peux aussi voir nos alvéoles suspendues à une branche. Qui suis-je?

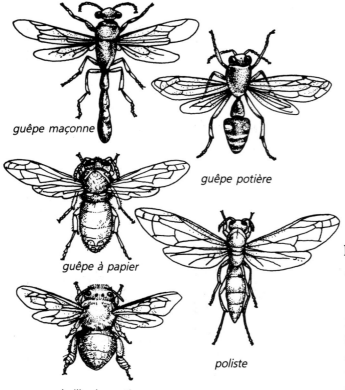

guêpe maçonne

guêpe potière

guêpe à papier

poliste

abeille domestique

Nids de papier
Je fais de la pulpe et du papier depuis bien plus longtemps que les hommes. En mâchant des fibres visqueuses, du bois pourri ou des tiges de plantes et en les mélangeant avec ma salive, je fabrique ce qui ressemble à de la pulpe. Je confectionne alors une grande bande qui, une fois sèche, ressemble à du papier mâché contenant des petites chambres. Mon nid est suspendu par une mince tige sous les gouttières, les porches et autres endroits de ce genre. Qui suis-je?

Nids d'argile
Je fabrique mon petit nid en forme de pot à partir de petites boules de terre ou de boue et je l'attache à une brindille. Dès qu'un oeuf est pondu dans mon pot, je le ferme et je m'envole. Qui suis-je?

Papier d'emballage
Mon nid de papier pend aux arbres, arbrisseaux et sous les toits de certains édifices. Parce que je suis la reine, je commence le nid avec une seule cellule, mais il devient de plus en plus gros à mesure que mes filles ouvrières naissent pour m'aider. L'extérieur de mon nid est enveloppé dans des feuilles de papier, comme un cadeau de Noël. La seule porte est un petit trou situé en bas ou sur le côté. Qui suis-je?

Déjeuner au lit
Au lieu d'aller et venir pour nourrir leurs bébés affamés, certaines espèces de guêpes sont vraiment organisées. La guêpe potière chasse les chenilles et les paralyse en les piquant. Elle en remplit son petit nid en forme de pot et pond ensuite un oeuf dans celui-ci. Quand l'oeuf éclot, la larve a toute la nourriture qu'il lui faut, sans jamais sortir du lit.

Tuyaux d'orgue
Dans certains endroits protégés comme les auvents des toits, les hangars ou les ponts, tu trouveras mon long nid tubulaire fait de boules de glaise. Les gens pensent que mon nid ressemble à des tuyaux d'orgue. Qui suis-je?

35

Le monde vivant des feuilles

La prochaine fois que tu sauteras dans un tas de feuilles, regarde de plus près sur quoi tu as atterri. S'il s'agit de feuilles de chêne, de peuplier, de bouleau ou d'arbre fruitier, des surprises t'attendent. Les feuilles sur lesquelles tu es assis nourrissent et abritent une variété de petits insectes. Voici ce que tu peux trouver.

Mineurs de feuilles

Si la feuille porte des trous semblables à des petites fenêtres, ou un labyrinthe de minuscules chemins, elle a été envahie par les mineurs de feuilles. Les larves des mouches mineuses, des coléoptères, des guêpes, des papillons et des papillons de nuit sont si petites qu'elles peuvent se faufiler dans l'épaisseur de la feuille. Elles mangent la partie verte qui est tendre et laissent derrière elles des petits morceaux filandreux. Ces insectes qui se promènent tout en mangeant créent un réseau de petits chemins qui sont visibles et montrent où ils sont allés.

galle du chêne fermée

galle du chêne

galle épineuse de l'Hammamélis.

galle du rosier

galle en cône de l'Hammamélis

galle du chêne

galle du chêne avec larve

Fabricants de galles

As-tu déjà trouvé des bosses ou des boules sur une feuille? Les galles sont d'étranges excroissances qui poussent sur les plantes quand un insecte s'installe sans être invité. Il existe différentes sortes de galles et avec un bon guide d'identification tu peux trouver qui les habite. Plusieurs espèces de mouches et de guêpes se creusent un terrier dans les feuilles et obligent la plante à grandir autour d'eux. Si tu découpes délicatement une galle avec une lame fine, tu peux voir qui vit là. Va voir à la page 21 pour en savoir plus sur la dissection des galles.

Pique-nique sur les feuilles

Si tu trouves des feuilles portant de gros trous, regarde attentivement, les gourmands sont peut-être encore là. Les chenilles des papillons de nuit et de jour sont souvent en train de pique-niquer sur les feuilles. Une des plus communes est la chenille de géométridé, une chenille mince et douce qui se déplace en arquant son corps et en poussant son derrière vers l'avant.

galles de noix

chenille de géométridé

Feuilles parapluies

Quelquefois, des fils durs et soyeux se terminant par des petites boules pendent en dessous des feuilles. Ces petites boules contiennent les oeufs de chrysopes. La femelle chrysope utilise la feuille comme parapluie pour les protéger. On croit que chaque oeuf est suspendu par son propre fil pour empêcher les larves de se manger entre elles, comme si finalement on les tenait en laisse.

Dis-moi ce que tu manges...

Imagine si tu devenais rouge en mangeant des tomates, ou orange en mangeant des carottes... Les vers gris, eux, deviennent vraiment verts après avoir fait le plein de feuilles juteuses. Les papillons monarques, de leur côté, se gavent avec le latex contenu dans l'asclépiade. Ce liquide contient des produits chimiques qui s'accumulent dans le corps du papillon et lui donnent un goût désagréable. Les oiseaux ont vite appris à les éviter. Faisant d'une pierre deux coups, les monarques, tout en se nourrissant, se protègent contre leurs ennemis.

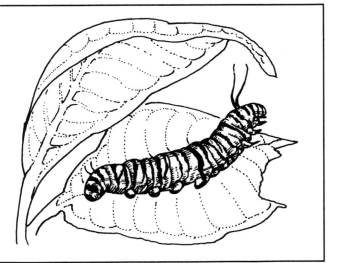

Les insectes et le recyclage

Tout le monde recycle aujourd'hui. C'est peut-être une idée nouvelle pour les humains, mais dans la nature cela se fait depuis le début des temps. En effet, il y a des millions de petites plantes et de petits animaux qui passent leur vie à décomposer plantes et animaux morts pour les transformer en substances nutritives réutilisables. Sans ces travailleurs bien cachés, nos forêts et nos prairies ne pourraient pas pousser. Avec un équipement simple, tu peux découvrir quelques-uns de ces recycleurs dans un petit échantillon de terre.

Tu as besoin:

d'une pelle
d'un échantillon de terre et d'humus
   provenant d'un bois
d'un sac de plastique
d'une paire de pinces coupantes
d'un morceau de filet ou
   de moustiquaire rigide
d'un entonnoir
de papier essuie-tout mouillé
d'un pot à grande ouverture
d'une lampe
d'une paire de pinces à épiler
d'une petite loupe

1. Avec la pelle, va chercher de l'humus (feuilles décomposées et terre) et mets-le dans le sac de plastique.

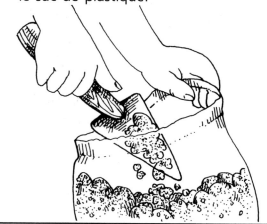

2. À la maison, installe ton équipement. À environ 6 cm de la bouche de l'entonnoir, ajuste le morceau de moustiquaire ou de filet. Place le papier mouillé au fond du pot et pose l'entonnoir sur l'ouverture de celui-ci. Braque la lumière directement au-dessus de l'entonnoir.

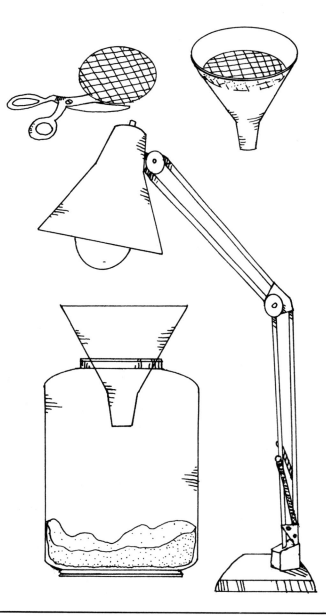

3. Mets la terre dans l'entonnoir et allume la lampe. Le reste de la pièce devrait être sombre.

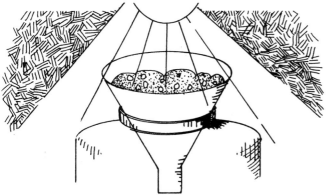

4. Laisse tout en place pendant la nuit. Les créatures contenues dans ton échantillon de terre vont essayer d'échapper à la lumière et la chaleur de la lampe en s'enfonçant davantage dans le sol. Certaines tomberont dans l'entonnoir, et dans le pot plus bas.
5. Prends délicatement chaque petite bête avec les pinces et regarde-les de plus près avec la loupe.

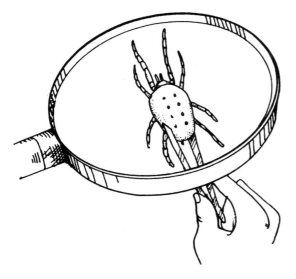

6. Quand tu as fini, remets la terre et ses occupants où tu les as pris.

Ce que tu découvriras
Tu vas probablement trouver toute une variété de bestioles dans la terre. En voici quelques-unes à surveiller:

Insectes:

lépisme

collembole

larve de carabe

larve de taupin

larve de cincidèle

scarabée

larve de hanneton (ver blanc)

perce-oreille

fourmi

termite

Autres créatures:

cloporte

mille-pattes

centipède

limace

ver de terre (lombric)

araignée

acarien

pseudoscorpion

Les insectes musiciens

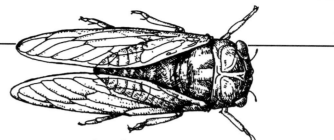

Les gens qui jouent du tuba ou du violoncelle sont bien encombrés quand il s'agit de transporter leur instrument. Les insectes musiciens ont plus de chance car leur «instrument» est intégré à leur corps. Ils jouent leurs mélodies en utilisant différentes parties de leur anatomie.

La plupart du temps, ce sont les mâles qui font de la musique pour attirer une compagne. Les grillons mâles chantent également pour défendre leur territoire. Les scientifiques ont découvert que tous les insectes chantent plus lentement lorsque la température baisse. Le grillon de Fulton est surnommé «le thermomètre vivant» car si tu comptes le nombre de stridulations qu'il émet en 8 secondes et si tu y ajoutes 4, tu obtiens approximativement la température qu'il fait en Celcius.

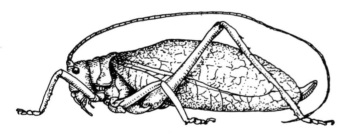

Les violonistes

Un violon produit des sons lorsque l'archet est frotté contre les cordes. Certains insectes font la même chose. Il possèdent une rangée de petites bosses, un peu comme une râpe, et à l'aide d'un grattoir, sorte de protubérance sur leurs ailes, ils produisent des sons en les frottant ensemble. Les grillons et les sauterelles vertes produisent leur musique en frottant rapidement ensemble la râpe d'une des ailes (en réalité une veine gonflée) contre le grattoir de l'autre. Les sauterelles vertes peuvent frotter leurs ailes ensemble jusqu'à 50 millions de fois en un seul été!

Les percussionnistes

Les cigales mâles sont parmi les insectes les plus bruyants qui soient, et ils peuvent diffuser leur concert jusqu'à 400 mètres à la ronde, surtout pendant les jours chauds de l'été. Les cigales sont quelquefois appelées «bestioles électriques» à cause de leur bourdonnement qui ressemble aux vibrations des lignes à haute tension ou des tubes fluorescents. Le son est produit par deux membranes qui ressemblent à des tambours, situées sur leur abdomen. Un groupe de muscles est attaché à ces peaux de tambours, à l'intérieur de la chambre à air de leur abdomen. En contractant ces muscles, la peau de tambour se tend comme lorsqu'on étire un élastique. Quand la cigale détend ses muscles, la peau de tambour vibre et frappe l'intérieur de l'abdomen en produisant le son familier.

Les fredonneurs

Par une chaude journée d'été, étends-toi, yeux clos, dans un champ et apprécie le concert des insectes. Écoute les gémissements des moustiques et les bourdonnements des abeilles. Comment font-ils ces bruits? Le battement de leurs ailes produit de la musique; plus vite leurs ailes battent, plus aigu est le son. À ton avis, lequel bat des ailes le plus vite?

Les «cliqueteurs»...

As-tu déjà mis un coléoptère sur le dos? Il agite ses pattes en l'air mais il est impuissant à se remettre sur pied. Le taupin fait exception à cette règle; il possède une catapulte intégrée. Son corps flexible s'arque et soudainement se redresse. En même temps, une petite cheville sur son abdomen, ressemblant à un ressort, se libère et le propulse dans les airs en produisant un son fort et cliquetant.

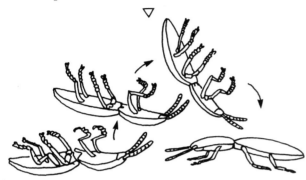

... et les «tictaqueurs»

Tu as sûrement déjà entendu les craquements d'une maison, d'une chaise ou d'un bureau. Les anobies roux appelés aussi «horloges de la mort» creusent le bois et, pour appeler un partenaire, ils font entendre une sorte de tic-tac à l'intérieur de leur terrier en frappant leur tête contre le bois. Les superstitieux croyaient que ce tic-tac était un avertissement de mort.

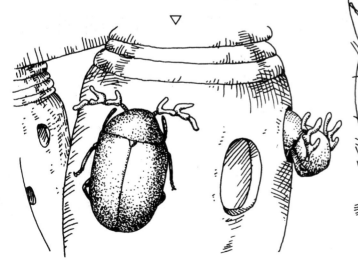

Un concert privé

Au Japon, certaines personnes gardent dans des cages des grillons et des cigales pour pouvoir écouter leurs chants. Tu peux garder un grillon adulte chez toi. Place-le dans un pot de verre où tu auras déposé, auparavant, une éponge mouillée pour lui fournir suffisamment d'humidité. Nourris-le de nourriture sèche écrasée pour chien ou de poulet haché.

N'oublie pas de percer des trous dans le couvercle avec un marteau et un clou. Non seulement tu pourras apprécier le chant de ton grillon mais tu observeras aussi comment il joue ses sérénades. Essaie de capturer un grillon de fulton afin d'apprécier ses dons d'insecte-thermomètre. Souviens-toi qu'il faut rendre la liberté à ton grillon après l'avoir observé.

Des voisins discrets

S'il pleut trop, profite de l'occasion pour chasser dans la maison. Les insectes sont de super auto-stoppeurs. Ils peuvent voyager sur les souliers, les bottes, les animaux, les plantes, les fruits et les légumes! Même si c'est très propre chez toi, tu y trouveras quand même quelques insectes. Du grenier au sous-sol, tu rencontreras une foule de bestioles sur ton chemin. Prends en note celles que tu vois.

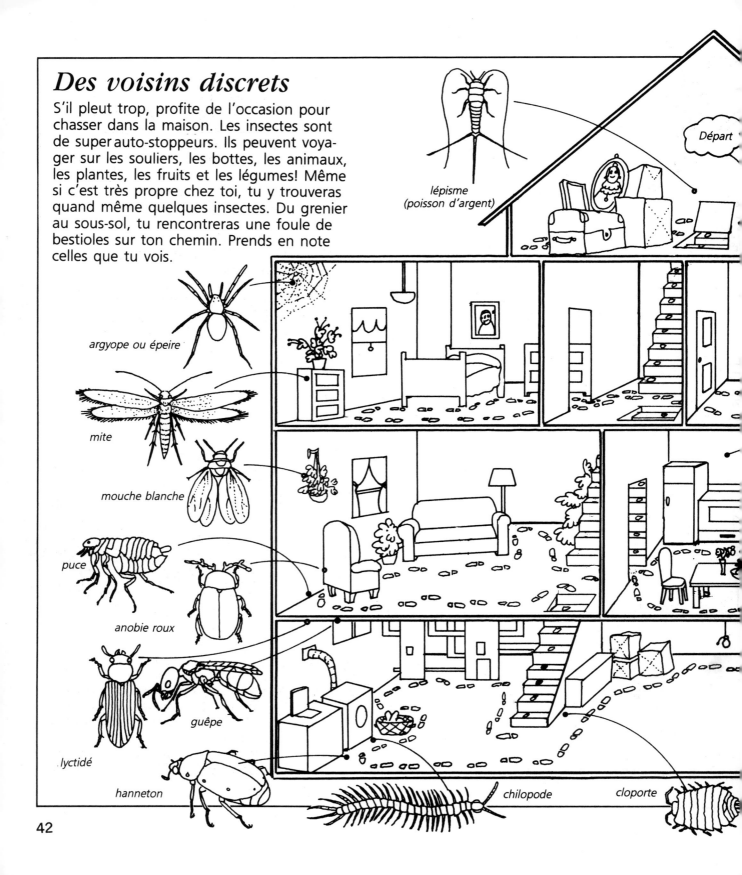

lépisme (poisson d'argent)

Départ

argyope ou épeire

mite

mouche blanche

puce

anobie roux

lyctidé

guêpe

hanneton

chilopode

cloporte

42

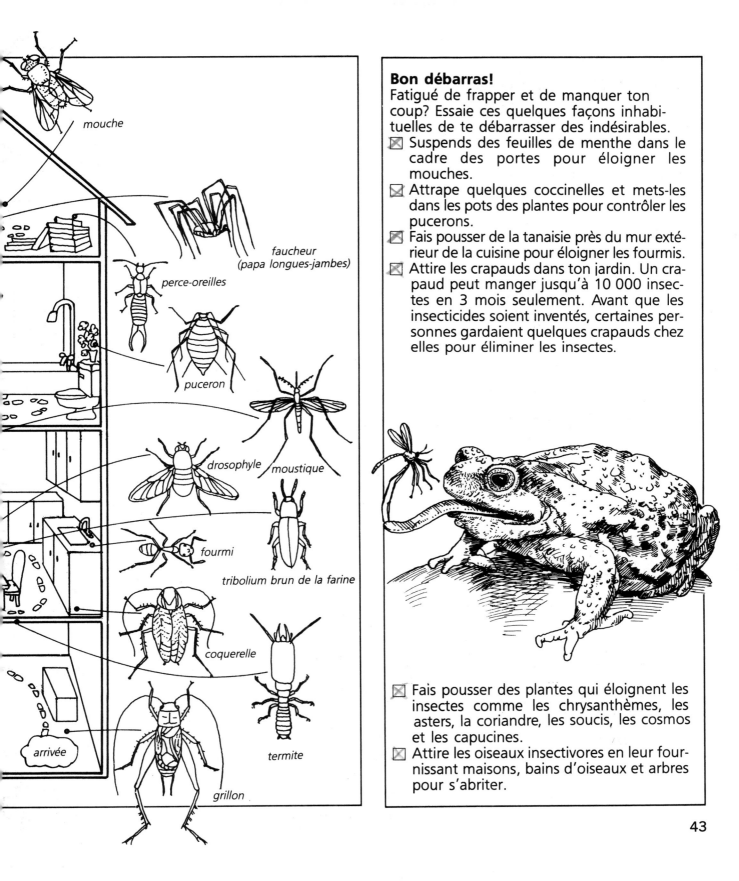

mouche

faucheur
(papa longues-jambes)

perce-oreilles

puceron

drosophyle

moustique

fourmi

tribolium brun de la farine

coquerelle

termite

arrivée

grillon

Bon débarras!
Fatigué de frapper et de manquer ton coup? Essaie ces quelques façons inhabituelles de te débarrasser des indésirables.

☒ Suspends des feuilles de menthe dans le cadre des portes pour éloigner les mouches.

☒ Attrape quelques coccinelles et mets-les dans les pots des plantes pour contrôler les pucerons.

☒ Fais pousser de la tanaisie près du mur extérieur de la cuisine pour éloigner les fourmis.

☒ Attire les crapauds dans ton jardin. Un crapaud peut manger jusqu'à 10 000 insectes en 3 mois seulement. Avant que les insecticides soient inventés, certaines personnes gardaient quelques crapauds chez elles pour éliminer les insectes.

☒ Fais pousser des plantes qui éloignent les insectes comme les chrysanthèmes, les asters, la coriandre, les soucis, les cosmos et les capucines.

☒ Attire les oiseaux insectivores en leur fournissant maisons, bains d'oiseaux et arbres pour s'abriter.

Le livre des records

Quand tu étais bébé et que tu apprenais à marcher, tu devais faire de gros efforts pour bouger tes jambes sans tomber. Imagine ce que ça aurait été si tu avais eu six jambes! Quand un insecte marche, il a habituellement 3 pattes sur le sol (une d'un côté, deux de l'autre) et 3 pattes en mouvement. Pour arriver à faire ça, il faut de la pratique. Mais les insectes ne font pas que marcher; ils sautent, nagent, plongent, grimpent, battent des ailes, glissent, voltigent et même creusent.

Ceux qui sautent
Grillons, sauterelles, collemboles, cicadelles et puces... sont tous de merveilleux sauteurs. En effet, une puce domestique peut sauter à peu près 10 000 fois par heure sans se fatiguer!

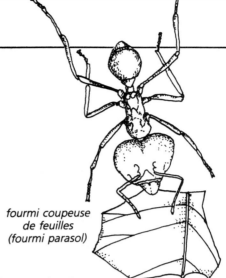

fourmi coupeuse
de feuilles
(fourmi parasol)

Ceux qui grimpent
Pourrais-tu grimper et redescendre une grosse montagne tous les jours? Les fourmis coupeuses de feuilles mesurent moins de 3 cm mais elles peuvent grimper des arbres hauts de 60 m tous les jours. Elles sont également capables de transporter leur propre poids sur tout le chemin du retour. Ce serait comme de redescendre une montagne en portant un ami sur ton dos.

Ceux qui creusent
Être capable de creuser son chemin sous terre est très important, surtout pour la courtilière. Elle a les pattes de devant fortes et aplaties, semblables à une pelle et un râteau pour remuer la terre.

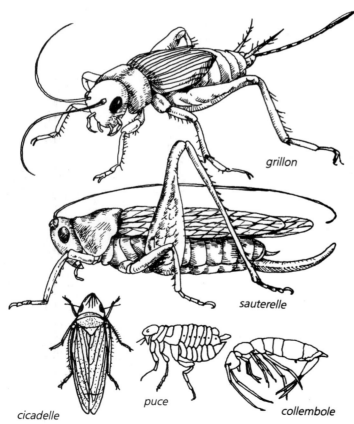

grillon

sauterelle

cicadelle

puce

collembole

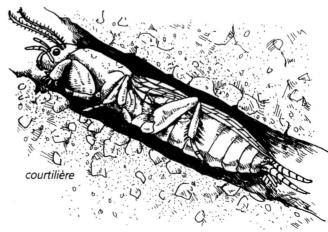

courtilière

Ceux qui volent

Tu peux battre des bras tant que tu voudras, tu ne voleras jamais. Tu as besoin d'un billet d'avion pour ça. Tous les insectes ne peuvent voler, seuls ceux qui ont des ailes en sont capables. Certains, comme les mouches domestiques ont seulement deux ailes, mais les libellules, les abeilles et les papillons en ont quatre. La façon dont ils les utilisent varie d'une espèce à l'autre. Les libellules soulèvent la paire d'ailes de devant, pendant qu'elles baissent celle de derrière. Quant aux abeilles et aux papillons, ils joignent ensemble les deux ailes de chaque côté et font comme une grosse aile. Ils battent ensuite les quatre ailes en même temps, de haut en bas. Certains papillons de nuit volent tellement bien qu'ils peuvent se tourner et faire des crochets des centaines de fois dans une minute pour échapper à leurs ennemis.

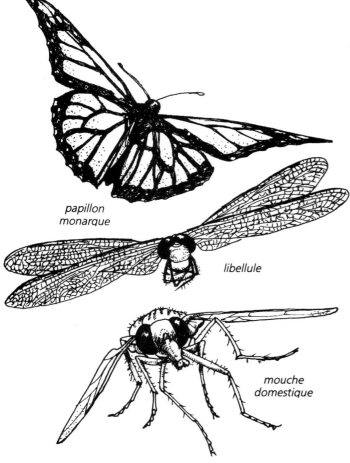

papillon monarque

libellule

mouche domestique

Ceux qui volent sur place

Comme les hélicoptères, plusieurs insectes peuvent faire du surplace. Pour y arriver, ils battent des ailes très rapidement. Les libellules, les sphinx et les abeilles peuvent le faire. Mais le vrai champion, c'est le bombyle. Il peut rester sur place pendant des heures.

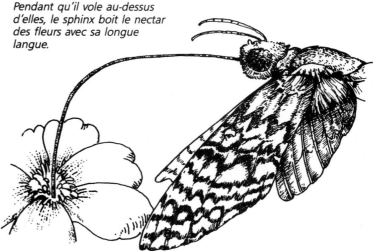

Pendant qu'il vole au-dessus d'elles, le sphinx boit le nectar des fleurs avec sa longue langue.

Fais de l'air, Arnold Schwarzenegger!

Crois-le ou non, toi et Monsieur Muscle en personne avez le même nombre de muscles: 639. Combien crois-tu qu'une chenille de 5 ou 6 cm de long en a? Plus de 4000! Elle a besoin de beaucoup de muscles juste pour l'aider à ramper.

Un bon coup de filet

Qu'est-ce que tu vois quand tu regardes un talus négligé, un champ abandonné ou un terrain vague? Surtout des hautes herbes et des fleurs sauvages. Mais c'est ce que tu ne vois pas qui est le plus intéressant. En te promenant dans les hautes herbes tu dérangeras des douzaines de bestioles qui sauteront, voleront et s'enfuiront dans toutes les directions. La meilleure façon de les voir de plus près est de te munir d'un filet à insectes. Tu pourras alors les capturer en douceur. N'oublie pas de les relâcher quand tu auras fini de les observer.

Tu as besoin:

d'un cintre métallique
de pinces coupantes
d'une paire de ciseaux
d'une vieille taie d'oreiller de couleur claire avec un ourlet
de fil et d'une aiguille (facultatif)
d'un couteau de poche
d'un vieux manche à balai ou d'un bâton de hockey
de fil de fer solide mais flexible

1. Forme un cercle avec le cintre. Défais la partie enroulée. Demande à un adulte de couper le crochet avec les pinces.

2. Coupe une ouverture dans l'ourlet de la taie d'oreiller et fais passer le cintre dedans en faisant en sorte que les deux bouts ressortent par le trou. Les coutures de la taie d'oreiller devraient être à l'intérieur du filet.

3. Si tu veux un filet plus petit, coupe le fond de la taie d'oreiller et referme complètement en faisant une couture.
4. Demande à un adulte de faire des entailles de chaque côté du bâton pour y insérer les deux bouts du cintre.
5. Place les bouts du cintre dans les entailles. Entoure le tout de fil de fer, très serré, pour que le filet reste bien en place.

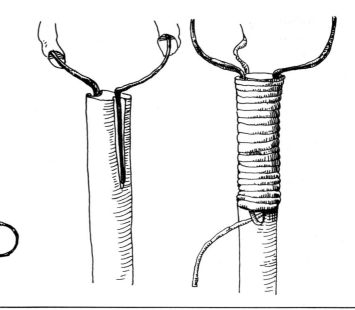

6. Promène ton filet de haut en bas dans l'herbe haute, les fleurs sauvages et les arbrisseaux. Regarde ensuite dedans pour voir ce que tu as capturé. Attention, certains insectes peuvent mordre ou piquer pour se défendre, alors manipule-les avec prudence.

punaise des graines

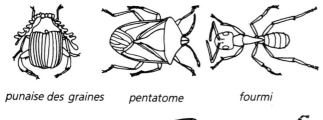
pentatome

fourmi

cicadelle

mouche à scie

cétoine

cantharidé

coccinelle

chrysope

charançon

punaise demoiselle

punaise embusquée

chrysomèle

cercope

grillon

Voici d'autres spécimens à chercher dans ton guide de poche: cigale épineuse, chenilles diverses, puceron, punaise à écusson et punaise noire.

J'en ai un

Quand tu attrapes quelque chose dans ton filet, tu peux le regarder de plus près en le prenant doucement avec de petites pinces et en le transférant dans un contenant. Utilise une petite bouteille transparente comme une bouteille à pilules ou un gros pot si ta prise est plus importante. Assure-toi qu'il y a des trous d'aération. Pour empêcher les insectes de s'échapper de ton filet, tu n'as qu'à resserrer le haut de celui-ci ou encore le replier par-dessus la partie ouverte. Quand tu auras fini de regarder tes trésors, relâche-les très doucement là où tu les as trouvés.

Quelques Insectes de trrrrès près...

Tu as sûrement déjà vu une fourmi disparaître par un petit trou dans le sol ou observé
une chenille ramper. Tu t'es sans doute
demandé où elles allaient et ce qu'elles deve-
naient. Voici l'occasion de résoudre
quelques-uns de ces mystères. Partage la vie
de certains de nos plus fascinants insectes.
Découvre comment les chenilles se changent
en papillons... Ce que les fourmis fabriquent
sous terre... Pourquoi les femelles moustiques sont les seules à piquer... et plus
encore.

49

Élève un papillon monarque

Quand tu es né, tu étais une version miniature de ce que tu es aujourd'hui. Mais beaucoup d'insectes commencent leur vie sous un aspect complètement différent de leur forme adulte. Les monarques, par exemple, passent par quatre étapes successives pour achever leur métamorphose: l'oeuf, la larve, la chrysalide et le stade adulte. Tu peux élever ton propre monarque et observer le processus complet depuis l'oeuf jusqu'à l'adulte, le tout en un mois environ. Les monarques sont faciles à élever et fascinants à regarder.

Tu as besoin:
de 2 ou 3 oeufs ou de 2
  ou 3 chenilles de monarque
d'asclépiade fraîche tous les jours
d'un petit contenant d'eau
d'un gros pot de verre (1L minimum)
d'un long bâton
de coton à fromage ou
  de moustiquaire fine
d'un élastique

1. Choisis une tige d'asclépiade qui porte des oeufs ou des chenilles de monarque. Emporte la plante à la maison et mets-la dans un contenant d'eau froide pour l'empêcher de se dessécher. Emporte des feuilles d'asclépiade supplémentaires et garde-les dans l'eau au frigo 2 ou 3 jours. Cela constituera une réserve de nourriture fraîche pour les chenilles et t'évitera des voyages quotidiens pour renouveler tes provisions.

2. Place le bâton dans le pot pour que les chenilles puissent y ramper. Couvre l'ouverture du pot avec le coton à fromage ou la moustiquaire et scelle-la avec l'élastique. Tous les jours tu dois donner des feuilles d'asclépiade fraîches à tes chenilles.

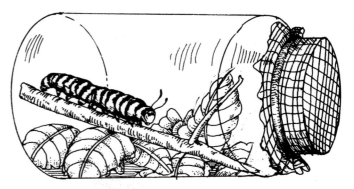

3. Prends des notes et/ou des photos des différentes étapes de la vie de ton papillon. Elles t'aideront à te souvenir de l'expérience et à la partager avec les autres.
4. Quand le monarque est devenu adulte, rends-lui sa liberté pour qu'il puisse continuer sa vie normalement. Si c'est possible, libère-le là où les oeufs et les chenilles ont été trouvés.

Comment trouver des oeufs et des chenilles de monarque
Juin et le début de juillet sont les meilleurs moments pour chercher des oeufs et des chenilles de monarque. Tu trouveras de l'asclépiade dans les champs et sur le bord des routes. Ses fleurs larges et rosées sont faciles à repérer et sentent très bon. Regarde sous les feuilles pour y trouver les minuscules oeufs en forme de petits pains ou encore les chenilles rayées jaune, blanc et noir, grimpant sur les brindilles ou les feuilles. Plus la chenille est grosse, plus elle se transformera rapidement en chrysalide.

Ce que tu verras:

Première semaine:

L'oeuf de monarque éclot en 4 ou 5 jours, et une toute petite chenille rayée jaune, noir et blanc en sort. C'est le stade de la larve du monarque. Cette chenille mange constamment et croît rapidement. Comme elle se développe, elle change de peau quand elle n'a plus de place.

Deuxième semaine:

À l'âge de 2 semaines, la chenille est 2700 fois plus grande qu'à sa naissance. Imagine ce qui arriverait si tu grandissais autant!

Troisième semaine:

La chenille tisse sur une feuille ou une branche un petit coussinet de soie. Elle s'y accroche la tête en bas. La peau rayée de la larve se changera graduellement en une enveloppe vert émeraude: la chrysalide. À l'intérieur de cette enveloppe, l'adulte commence à se former.

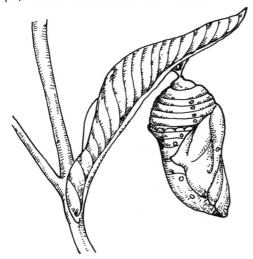

Quatrième semaine:

En 9 ou 10 jours, la couleur verte de la chrysalide pâlit et devient transparente. Observe à travers cette vitrine les magnifiques ailes orange et noir de l'adulte, presque prêt à sortir.

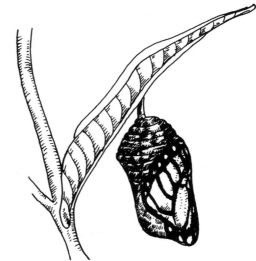

Cinquième semaine:

Deux semaines après la formation de la chrysalide, le papillon adulte en émerge et s'en extirpe, tête première.

Papillon de jour ou papillon de nuit?

Les papillons de jour et les papillons de nuit sont cousins. À première vue, il est difficile de les différencier, mais une fois que tu sais quoi regarder, il est facile de dire lequel est lequel.

Au repos, les papillons de jour rabattent leurs ailes à la verticale au-dessus de leur dos, mais ils ne peuvent les plier, tandis que les papillons de nuit peuvent le faire.

Les papillons de jour ont de minces antennes qui se terminent en massues. La plupart des papillons de nuit ont des antennes semblables à des plumes ou à des fils, sans protubérances.

Les papillons de jour ont habituellement des corps longs et minces tandis que ceux des papillons de nuit sont gros et souvent velus.

Les papillons de jour ne volent pas durant la nuit, pas plus que tu ne verras les papillons de nuit le faire durant le jour.

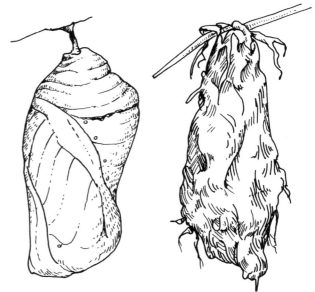

La troisième étape de vie d'un papillon de jour est une douce chrysalide. Le papillon de nuit, lui, vit cette étape sous forme de chrysalide protégée par un cocon de soie.

Le bal des papillons de nuit

Pas besoin de te mettre sur ton 36 pour inviter les papillons de nuit à un bal. Avec des matériaux très simples, tu peux accueillir une foule d'insectes nocturnes et, par la même occasion, les observer de près. Utilise un guide pour t'aider à identifier tes invités.

Pour les becs sucrés

Comme toi et moi, les insectes adorent les sucreries. Tu peux les attirer en préparant pour eux un dessert sucré et mielleux. Les papillons de nuit viendront au crépuscule, mais la même méthode peut être utilisée pour attirer les autres insectes durant le jour.

Tu as besoin:

de sucre ou de mélasse
de jus de fruit dont la date est périmée
de fruits trop mûrs mis en purée (les bananes sont recommandées)
d'un bol et d'une cuillère
d'arbres
d'un vieux pinceau
d'une lampe de poche

1. Mélange le sucre, le jus et les fruits dans un bol.
2. Tard dans la journée, choisis un ou plusieurs arbres et utilise le vieux pinceau pour étendre le mélange sur ceux-ci.
3. Retournes-y une heure plus tard, à la noirceur. Sers-toi de ta lampe de poche pour voir qui s'est fait prendre.
4. Tu peux tracer un sentier de papillons de nuit en étendant ton mélange sur des arbres pour former un circuit se parcourant en 20 ou 30 minutes. Essaie de finir là où tu as commencé. Quand tu auras peint ton dernier arbre, quelques bestioles se sucreront déjà le bec sur le premier. Refais le parcours en regardant quels gourmands ont été attirés à chaque arrêt.

Pour les amoureux de la lumière

Tu as sans doute déjà remarqué les nombreux insectes qui volent autour des lampadaires la nuit. Les lumières attirent les insectes nocturnes, surtout les papillons de nuit. Les lieux très boisés et fleuris, comme les parterres des maisons, les parcs et les bois, sont de bons endroits pour observer ces visiteurs du soir.

Tu as besoin:

de punaises
d'un vieux drap blanc
d'une lumière (lumière de galerie, torche
   ou lanterne)
d'un gros pot de verre dont le couvercle
   est percé de trous
d'une tige ou d'une petite
   branche pour mettre dans le pot

1. Avec les punaises, fixe le drap sur un mur ou une branche d'arbre.
2. La nuit venue, éclaire-le d'une lumière vive.
3. Tu peux te tenir très près du drap sans effrayer les insectes. Dès qu'une bestiole se pose, essaie de l'emprisonner dans le pot pour pouvoir la regarder de plus près. Libère-la quand tu as fini...

Fourmidables... Fourmis

As-tu déjà partagé ton pique-nique avec des fourmis que tu n'avais pas invitées? T'es-tu demandé comment elles avaient su aussi vite que tu dînais là? Tout comme certaines personnes, les fourmis sont de bonnes commères. Les nouvelles voyagent vite au pays des fourmis mais cela se fait sans parler, au moyen de l'odorat. Quand une fourmi découvre un bon repas, comme ton pique-nique, elle s'empresse de retourner à la fourmilière, laissant un sentier odoriférant entre toi et sa maison. Bientôt, des centaines d'entre elles suivront ce sentier en direction de tes sandwiches.

Si tu vois des fourmis voyager en ligne, elles sont probablement en train de suivre un sentier odoriférant. Avec ton doigt, frotte à travers la ligne pour effacer la senteur. La parade des fourmis sera alors terminée. Elles se promèneront en cercles, essayant de retrouver le sentier. Éventuellement, elles le retrouveront et continueront leur chemin.

Une vie de fourmi

Ton entourage est composé de gens qui vivent et travaillent ensemble. Les fourmis vivent aussi dans un type de communauté appelée colonie. Comme les abeilles et les termites, les fourmis sont des insectes sociaux. Les membres de la colonie ont différents rôles à assurer et chaque rôle est crucial pour la survie de toute la colonie. Les fourmis sont divisées en reines, mâles et ouvrières. Il y a habituellement une seule reine par colonie et des milliers d'ouvrières. La reine domine la colonie et pond les oeufs pendant que les ouvrières assument toutes les tâches. Tous les automnes, un groupe de fourmis ailées quittent le nid pour aller s'accoupler. Si tu aperçois des fourmis ailées dans une fourmilière, il s'agit des nouvelles reines et de leurs partenaires. Les mâles meurent tout de suite après l'accouplement. Chaque reine choisit un site pour établir sa colonie, ses ailes se détachent et elle commence à creuser. Ensuite, elle pond des milliers d'oeufs pour commencer une nouvelle colonie.

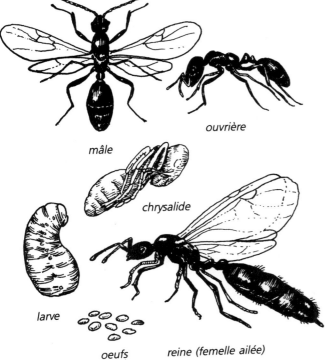

mâle

ouvrière

chrysalide

larve

oeufs

reine (femelle ailée)

Précieuses antennes

Comme la fourmi a une faible vue, elle utilise ses antennes pour trouver sa route. Chacune des antennes a une sorte de coude au milieu, lui permettant de se plier et de bouger. Les antennes lui servent pour toucher, sentir, recevoir des vibrations et même prendre la température. À cause de ces utilisations variées, les antennes ont besoin de nettoyages nombreux et minutieux. Fie-toi sur la fourmi pour s'en charger! Sur le point central de chaque patte de devant, elle porte un petit peigne qu'elle utilise pour nettoyer son corps et plus particulièrement ses antennes. Après sa toilette, la fourmi nettoie ses peignes avec sa bouche.

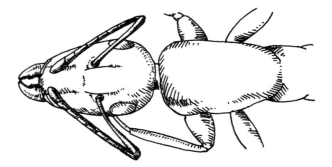

Savais-tu...

☐ *qu'il y a plus de fourmis sur la Terre que n'importe quelle autre créature?*

☐ *qu'on peut trouver des fourmis partout, sauf dans les régions polaires?*

☐ *que les fourmis peuvent soulever jusqu'à 50 fois leur poids? C'est comme si tu levais 2 petites voitures à la fois.*

☐ *que les fourmis vivent en moyenne 8 ans ? Plus longtemps que la plupart des autres insectes!*

Les fourmis sont...

Charpentières

Les fourmis charpentières habitent à l'intérieur de galeries qu'elles ont creusées dans le bois. Pourquoi tout ce travail? Le bois leur fournit abri et protection contre les prédateurs ainsi qu'un endroit pour nicher. Les fourmis charpentières ne mangent pas le bois; elles se nourrissent de graines, de jus de plantes et d'insectes. Même si ces travailleuses du bois vivent la plupart du temps dans des bûches mortes et des souches d'arbre, elles envahissent parfois les maisons et causent beaucoup de dégâts dans les charpentes.

Fermières

Au lieu de traire les vaches, certaines fourmis «traient» les pucerons. Quand une fourmi caresse le dos d'un puceron, l'abdomen de celui-ci finit par sécréter une toute petite goutte d'une substance sucrée appelée miellat. Cette gouttelette sucrée est rapidement léchée par la fermière. Les fourmis protègent leurs «troupeaux» de pucerons des prédateurs afin de préserver les généreux donateurs de miellat.

Jardinières

Les fourmis parasols ou coupeuses de feuilles ont une façon astucieuse de faire «pousser» leur nourriture. Elles coupent et transportent des morceaux de feuilles jusqu'à leur nid et les «plantent» dans des chambres spéciales. Une sorte de moisissure se développe alors sur les feuilles et les fourmis s'en nourrissent.

... Et garde-manger

Les fourmis pot-de-miel aiment aussi les gouttes sucrées mais les leurs proviennent de plantes et non de pucerons. Comme elles vivent dans le désert, la nourriture se fait parfois rare. Donc, quand la sève des plantes coule, les ouvrières en récoltent et en emmagasinent de grosses quantités. Crois-le ou non, cette sève est mise en réserve dans le corps de fourmis spéciales, qui sont suspendues au plafond d'une chambre du nid, qui ne font absolument rien d'autre. Ces fourmis «garde-manger» sont gavées jusqu'à ce que leur abdomen, gonflé à bloc, les immobilise totalement. Elles sont comme des réfrigérateurs vivants. Quand leurs compagnes ont faim, elles rendent une petite visite à ces pots de miel suspendus et les font régurgiter un peu de leur liquide sucré.

Travail d'équipe

Comme bien d'autres insectes, les fourmis aiment les sucreries. En les attirant à l'extérieur de leur fourmilière avec des miettes de pain couvertes de sucre, tu peux observer comment elles circulent, transportent la nourriture et communiquent entre elles. Quand elles trouvent de gros morceaux de nourriture - comme des miettes de pain - les fourmis travaillent en équipe pour transporter le tout jusqu'au nid. Observe comment les petits groupes coopèrent et se partagent la tâche. Au début, les petites créatures éprouvent quelques difficultés avec leur charge mais bien vite elles comprennent comment coordonner leurs efforts. Cette coopération fait partie de leur rôle d'insectes sociaux.

Légionnaires

«Les fourmis marchent une par une, hourra, hourra ...» Cette chanson populaire aurait pu être écrite à propos des fourmis légionnaires. Peux-tu imaginer un défilé de 100 000 fourmis marchant vers ta ville? Les fourmis légionnaires, un type de fourmi rencontré en Amérique du Sud, voyagent en immenses colonies. Elles avancent en ligne droite pendant des jours et des jours, tuant tous les petits animaux qui traversent leur route en les piquant et en les étouffant. À intervalles réguliers, le groupe s'arrête pour permettre aux larves qu'elles transportent de se transformer en chrysalides et se développer en adultes. La reine pond de nouveaux oeufs durant cette halte; plus de 25 000 oeufs en 5 jours! Ensuite, tout le monde se remet en route.

Un palais de fourmis

Si tu pouvais te rapetisser à la taille d'une fourmi et en suivre une dans sa maison, tu trouverais un palais souterrain, dirigé par une reine entourée de milliers de servantes. Les fourmilières possèdent différentes pièces où l'on trouve les oeufs, les larves et chrysalides, les garde-manger et même des endroits spéciaux pour les ordures. Tu peux créer un mini-palais de fourmis chez toi et voir par toi-même ce qui se passe vraiment sous terre, faute d'y être.

Tu as besoin:

d'un gros pot en verre
de terre de jardin
d'un déplantoir ou d'une truelle
de coton à fromage
d'un élastique
de ruban adhésif
de papier noir
de nourriture pour les fourmis: sucre, miel, miettes de pain, etc.

1. Remplis ton pot avec de la terre (sans la tasser) en laissant un espace de 5 ou 6 cm dans le haut.
2. Au bord des routes, dans les cours, les parterres ou les fentes des trottoirs, trouve une colonie de petites fourmis noires ou brunes. Essaie de dénicher la plus grosse fourmi, la reine, et mets-la dans le pot avec un maximum d'ouvrières.

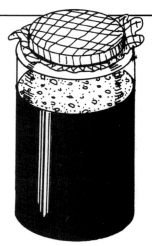

3. Recouvre l'ouverture du pot avec le coton à fromage et fixe-le avec l'élastique.
4. À l'aide du ruban adhésif, colle un morceau de papier noir tout autour du pot jusqu'au niveau de la terre.
5. Pour nourrir les fourmis, saupoudre chaque jour un peu de sucre, de miel ou des miettes de pain au-dessus de la terre.
6. Les fourmis formeront une nouvelle colonie et creuseront des tunnels dans la terre. Le papier noir encourage les fourmis à creuser près du verre. Enlève le papier noir de temps en temps pour observer l'évolution du nid.
7. Quand tu as terminé tes observations, libère les fourmis à l'endroit où tu les as capturées.

Histoires de fourmis

☐ Les oiseaux laissent souvent les fourmis se promener dans leur plumage car elles les aident à se nettoyer. Les fourmis sécrètent un produit chimique qui tue les poux et les autres bestioles indésirables qui parasitent les oiseaux.

☐ Si tu grimpes aux arbres, surveille les fourmis. Dans la forêt péruvienne, le Dr. Edward O. Wilson a trouvé 43 espèces de fourmis sur un même arbre!

☐ Si tu as déjà vu des fourmis transportant une consoeur morte, tu t'es sans doute demandé ce qu'elles en faisaient. Les cadavres de fourmis dégagent une odeur spéciale qui aide leurs compagnes à les identifier. Si le corps appartient à leur colonie, les ouvrières le transportent à la morgue, un endroit spécial qui ressemble à un tas de compost.

☐ Pour communiquer, les fourmis utilisent leur odorat. Leur corps contient toute une variété d'agents chimiques, chacun ayant sa propre odeur et sa propre signification. Les mâchoires des fourmis contiennent un produit chimique qui leur sert de signal d'alarme ou d'appel de guerre. Par exemple, si la tête d'une fourmi est écrasée accidentellement par le pied d'un être humain, ce produit chimique se libère automatiquement et avertit les fourmis des alentours qu'il y a un danger. Les fourmis soldats apparaîtront alors, tout d'un coup, prêtes pour le combat.

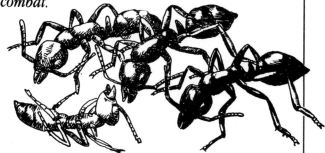

☐ Les fourmis sont intelligentes, c'est sûr! Mais comment le savons-nous? Un chercheur a déjà construit des labyrinthes spéciaux pour y faire des expériences. Les fourmis devaient trouver leur chemin depuis leur nid jusqu'à un plat de nourriture en voyageant le long des corridors du labyrinthe. Après avoir réussi l'exploit une première fois, elles ont simplement suivi leur sentier odoriférant. Mais même quand celui-ci était effacé, elles étaient en mesure de se rendre à l'autre bout du dédale, par simple mémorisation de la voie empruntée.

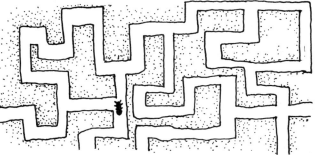

Coléoptéromanie

Doryphore de la pomme de terre, hanneton, bombardier, nécrophore... les coléoptères sont partout et portent quelquefois des noms surprenants correspondant aux endroits où on les trouve ainsi qu'aux «emplois» qu'ils occupent. Il y a davantage de coléoptères que de n'importe quel autre groupe d'insectes et ils peuvent être minuscules ou aussi grands qu'une main d'homme. Malgré leur grande diversité, ils ont tous quelques traits en commun qui permettent de les reconnaître aisément. Les coléoptères volent avec une seule paire d'ailes, les ailes postérieures. Durant le vol, leurs robustes ailes avant sont éloignées et placées au-dessus du dos pour ne pas les gêner. Leur bouche est aussi très intéressante car elle nous révèle qu'ils mordent et mâchent tout. Certains d'entre eux font des dégâts considérables dans les récoltes tandis que d'autres sont des «insecticides» naturels très efficaces.

Il y a tellement de choses à découvrir au sujet des coléoptères que tu pourrais passer toute ta vie à les observer. Voici quelques traits caractéristiques qui t'aideront à mieux t'y retrouver.

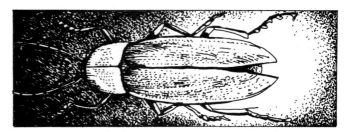

Lumières d'amour

Qu'est-ce qui est aussi petit qu'un raisin sec et qui brille dans le noir? Une mouche à feu (ou luciole) en mal d'amour à la recherche d'un partenaire. Tu te demandes comment elle fait? À l'intérieur de son abdomen, des organes spéciaux contiennent un agent chimique produisant de la lumière. Quand le mâle recherche une compagne, la lumière clignote. Chaque espèce de luciole clignote à un moment précis de la soirée et envoie ses signaux à une fréquence qui lui est propre. Les femelles ne répondent qu'aux appels des mâles de leur propre espèce.

Les lucioles ne sont pas les seules à fabriquer de la lumière. Certaines espèces de carabes, de taupins, de sciaridés et de collemboles émettent elles aussi de la lumière. Sous les tropiques, les indigènes capturent depuis longtemps les insectes lumineux et les utilisent comme lanterne quand ils circulent dans la jungle obscure.

Bombardiers

Y a-t-il une meilleure façon de se débarrasser d'un ennemi qu'en lui envoyant un écran de fumée? Le bombardier utilise cette arme. L'intérieur de son abdomen contient des liquides chimiques spéciaux qui, une fois mélangés, explosent en sortant de son corps en produisant un gaz chaud, puant et opaque. Lors de l'explosion, une pétarade se fait entendre pour effrayer l'ennemi. Si ce bruit ne suffit pas, le gaz chaud se chargera d'irriter les yeux de l'assaillant et l'écran de fumée permettra au coléoptère de fuir sans être vu. Ces mini-bombes gazeuses sont uniquement dangereuses pour certains autres insectes... heureusement pour nous!

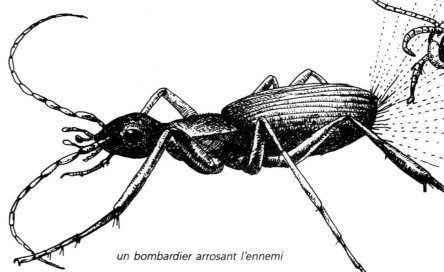

un bombardier arrosant l'ennemi

Coccinelle, demoiselle, bête à bon Dieu...

As-tu déjà compté les points sur le dos d'une coccinelle pour déterminer son âge? Inutile de perdre ton temps, le nombre de points indique son espèce et non son âge. Il y a plus de 5 000 espèces différentes de coccinelles et la plupart sont de merveilleux «insecticides» naturels, capables de dévorer des milliers de pucerons, d'aleurodes et d'autres parasites des plantes.

Pompes funèbres

Les nécrophores sont les entrepreneurs de pompes funèbres du monde des insectes. Dès qu'ils rencontrent un petit animal mort en forêt, ils se mettent au travail en creusant de gros trous en dessous du cadavre. Le corps s'enfonce alors dans le sol et il est bien vite recouvert de terre. Ce n'est pas seulement pour nettoyer l'environnement que les nécrophores se donnent tant de mal; les femelles pondent leurs oeufs près du cadavre pour que les larves puissent s'en nourrir.

Fabrique une lanterne vivante

Illumine la nuit avec ta lanterne vivante. Piles non incluses.

Tu as besoin:

d'un marteau
d'un clou
d'un pot vide avec son couvercle
de mouches à feu (lucioles)

1. À l'aide d'un clou, perce plusieurs trous dans le couvercle du pot.
2. Au crépuscule, emporte ton pot à l'endroit où tu as repéré des mouches à feu.
3. Avec tes mains, attrape doucement 3 ou 4 lucioles et enferme-les dans le pot. Il te faudra être rapide car les lucioles sont très agiles.
4. À l'intérieur du pot, les insectes continueront d'émettre leur lumière clignotante pendant une heure environ. Tu peux utiliser cette lanterne vivante pour aller marcher dans le noir. N'oublie pas de libérer les lucioles à l'endroit où tu les as capturées.

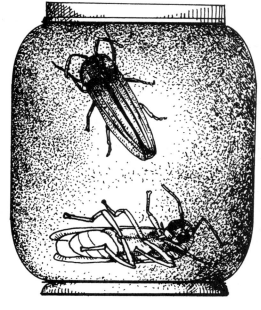

Des amis indispensables

Les écharpes de soie, la laque, le miel, le maquillage et la cire à meubles ont tous quelque chose en commun: ils sont faits à partir de produits fabriqués par des insectes. En plus de nous fournir des choses très utiles, les insectes nous aident de plusieurs façons.

Les alliés des agriculteurs

Si tu aimes les belles grosses pêches et les concombres croquants, quelques insectes sont parmi tes meilleurs amis. Sans la pollinisation de milliers d'insectes, surtout les abeilles domestiques, il n'y aurait pas autant de fleurs, d'arbres, de fruits et de légumes. Plusieurs agriculteurs élèvent des abeilles, spécialement pour aider à la pollinisation de leurs vergers et de leurs cultures. Comment cela fonctionne-t-il? Quand une abeille butine une fleur pour boire son nectar, des grains de pollen se déposent sur son corps velu. Transporté ainsi jusqu'à la prochaine fleur, le pollen entre en contact avec son pistil et la féconde pour qu'elle puisse produire des fruits et des graines.

Les exterminateurs

Tu connais sûrement l'expression «combattre le feu par le feu». On pourrait dire aussi «combattre les insectes par les insectes». Les scientifiques se servent de certains insectes pour en éliminer d'autres qui menacent les récoltes. Ce «contrôle biologique» peut être aussi efficace que les insecticides chimiques.

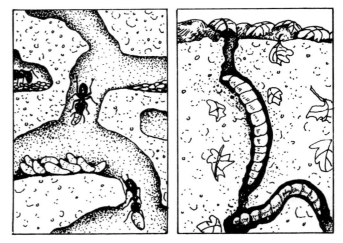

Les jardiniers

Lorsque tu veux retourner la terre du jardin, tu utilises une pelle, n'est-ce pas? Les fourmis le font aussi en se servant de leur corps; elles sont de fantastiques minirotoculteurs. Certains insectes aident à la décomposition des plantes mortes et des restes d'animaux qui se transforment en engrais pour le sol. Grâce à ces deux procédés, les plantes ont plus de nourriture et leurs racines percent la terre plus facilement.

Les scientifiques

Chaque jour, des milliers d'insectes travaillent dans les laboratoires et les centres de recherche du monde entier. Les insectes sont souvent mis à contribution pour étudier la génétique, l'évolution et même la pollution. Ils facilitent les recherches car ils demandent très peu de nourriture et de soins, se multiplient rapidement et ont en majorité un très court cycle de vie.

Les chirurgiens

☐ *Les asticots des mouches bleues et des mouches vertes étaient jadis utilisés pour nettoyer les plaies des soldats. Une substance appelée allantoïne, que l'on trouve dans les excréments de ces insectes, servait à combattre les infections et à sauver des vies. Heureusement, les antibiotiques ont remplacé les asticots.*

☐ *De nos jours cependant, certaines peuplades utilisent des insectes comme les fourmis et les carabes pour fermer les plaies. On attire ces insectes pour qu'ils mordent les coupures afin que leurs mâchoires solides maintiennent ensemble les deux côtés de la plaie. On les coupe ensuite en ne laissant que la tête qui agit comme une agrafe. Lorsque la blessure est cicatrisée, les têtes d'insectes sont enlevées.*

Un travail doux comme le miel

La prochaine fois que tu étendras du miel sur ton pain, souviens-toi de ceci: les abeilles domestiques doivent butiner de 60 000 à 90 000 fleurs pour amasser assez de nectar afin de remplir un seul pot de miel. Malgré tout ce dur labeur, une seule ruche peut produire jusqu'à 1 kg de miel par jour!

Quand tu suces la base d'une fleur de trèfle, tu goûtes la douceur sucrée du nectar. Mais comment une abeille transforme-t-elle ce nectar en miel? Premièrement, elle doit butiner assez de fleurs pour remplir de nectar une sorte de sac à provisions situé à l'intérieur de son corps. Quand elle retourne à la ruche, elle le crache dans la bouche d'une autre abeille. Cette abeille promène le nectar d'avant en arrière sur sa langue, permettant à une partie de l'eau de s'évaporer. Mélangé ensuite avec de la salive, il est entreposé dans des alvéoles. Le mélange perd encore un peu d'eau, s'épaissit et devient miel. Avec de la cire, les abeilles scellent les cellules d'entreposage qui conservent le miel pour plus tard. Grâce à ces provisions, les abeilles peuvent rester au chaud tout l'hiver et être bien nourries.

Mordre et piquer

Quand on parle d'insectes piqueurs et d'insectes à aiguillon, on parle aussi de «têtes et de queues». Certains insectes percent la peau avec leur bouche tandis que d'autres utilisent l'autre extrémité. Ce sont habituellement les femelles qui se chargent de cette tâche ingrate. Voici pourquoi.

Mini-vampires

Tu sais sûrement à quel point la morsure d'un insecte hématophage (suceur de sang) peut être douloureuse et embêtante. Les moustiques, par exemple, ne mordent pas. Ils utilisent plutôt leurs stylets pour percer la peau. Ensuite, la femelle moustique crache de la salive dans la petite plaie pour empêcher le sang de se coaguler; puis, elle aspire le sang et remplit son «réservoir» avant de s'envoler. Pourquoi les femelles sont-elles si assoiffées de sang? Parce qu'elles en ont besoin pour produire leurs oeufs. Donc, qu'on le veuille ou non, chaque piqûre signifie une centaine de moustiques en plus.

Il vaut mieux se tenir éloigné des autres insectes suceurs de sang tels que les mouches noires, les chrysopes, les brûlots et les mouches piquantes des étables. En plus d'être agaçants, certains insectes mordeurs transportent avec eux des maladies qu'ils transmettent aux humains au moyen de leur salive.

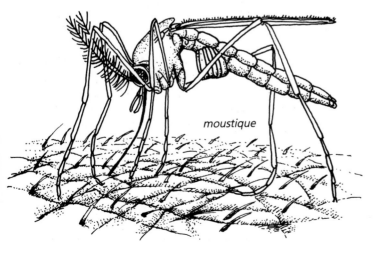

moustique

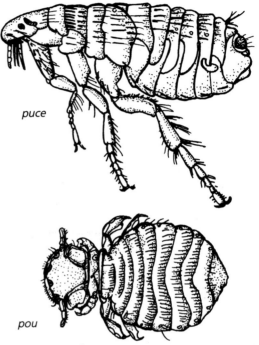

puce

pou

Insectes corporels

Dès que tu penses aux poux et aux puces, ça ne rate pas, tu commences à te gratter. Les puces sont des insectes sans ailes qui se déplacent en sautant, et on peut les trouver dans les fourrures ou les plumes de plusieurs animaux. Il est presque impossible de les attraper car, en un seul bond, elle peuvent sauter jusqu'à 200 fois la longueur de leur corps. Pour calmer ta frustration, il ne te reste plus qu'à te gratter la tête tandis que ton animal favori fait la même chose. Les puces d'animaux domestiques mordent quelquefois les humains mais comme leur sang n'a pas bon goût pour elles, elles n'insistent pas longtemps.

Les poux ne sont pas agréables du tout. Les poux du pubis (morpions), les poux du corps et les poux de tête sont les variétés qui s'attaquent aux humains en suçant leur sang et en causant des démangeaisons et des malaises. Ces poux, insectes minuscules et plats, se cramponnent aux cheveux et aux poils avec leurs griffes fortes et recourbées.

Qui s'y frotte, s'y pique!

Quand une abeille te pique, elle veut simplement te dire de te mêler de tes affaires. Elle te perçoit comme une menace pour elle et sa ruche, et te piquer est son meilleur moyen de défense. Seules les femelles des abeilles, des guêpes et de quelques fourmis peuvent piquer car elles possèdent un aiguillon qui est aussi leur oviposteur, c'est-à-dire un tube qui leur sert à pondre des oeufs. Les mâles, eux, n'en ont pas. On dit souvent que les abeilles meurent après avoir piqué. C'est vrai uniquement pour l'abeille domestique. Son aiguillon est recouvert de petits poils raides et serrés qui se prennent dans la peau. Quand elle essaie de retirer son arme, son abdomen se déchire et la mort s'ensuit. Beaucoup d'abeilles et de guêpes ont des aiguillons lisses comme des aiguilles qui peuvent aisément entrer et sortir, et ainsi piquer plusieurs fois. Quand il te pique, l'insecte injecte un poison fabriqué par des petites glandes situées dans son abdomen. Ce poison cause l'irritation et le gonflement de ta peau. Certaines personnes sont très allergiques aux piqûres d'abeilles et doivent consulter un médecin immédiatement.

Gare aux piqueurs

Te vaporiser ou t'enduire de lotion insecticide est une des façons de te protéger contre ces embêtantes petites bêtes. En voici quelques autres:

☐ *Porte des manches longues, des pantalons, un chapeau et un foulard autour du cou.*

☐ *Achète ou fabrique un «chapeau à insectes» pour les jours vraiment mauvais (voir page 31).*

☐ *Habille-toi avec des vêtements clairs. Les vêtements sombres semblent attirer les moustiques.*

☐ *La nuit, assieds-toi autour d'un feu de camp. Les moustiques évitent habituellement les endroits enfumés.*

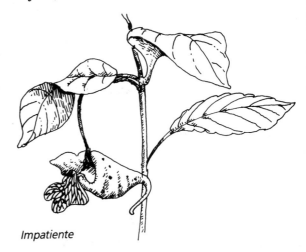

Impatiente

Après la piqûre (ou la morsure)...

Pour soulager la douleur et l'irritation causées par une piqûre ou une morsure d'insecte, essaie un de ces remèdes maison.

☐ *L'impatiente est une célèbre plante anti-irritante qui pousse dans les endroits humides, en plein là où les moustiques se reproduisent. Ouvre la tige et applique le jus clair qui en sort sur ta piqûre. L'irritation s'arrêtera presque instantanément.*

☐ *Une pâte faite de bicarbonate de soude et d'eau, étendue sur la piqûre ou la morsure, soulage la douleur et empêche le gonflement.*

La Survie des Insectes

Regarde autour de toi. Toutes les plantes que tu vois fournissent nourriture et abri à un ou plusieurs insectes. Et les insectes servent de nourriture à une foule d'animaux comme les oiseaux, les tortues, les grenouilles, les araignées, les musaraignes, etc. Dans ce chapitre, tu découvriras que certains insectes sont actuellement en voie de disparition. Apprends ce que tu peux faire pour les sauver et passe à l'action!

Les insectes mangeurs de plantes

Toute plante qui pousse sur terre sert de nourriture à un ou plusieurs insectes. Qu'ils soient plus petits qu'un raisin ou aussi longs qu'un melon d'eau, les insectes habitent une grande variété de plantes et s'en nourrissent. Et pas une partie de la plante n'est épargnée. Racines, tiges, feuilles, bourgeons, fleurs, écorce, cônes, fruits, tout est bon. Un seul arbre peut servir de maison à plusieurs milliers d'insectes.

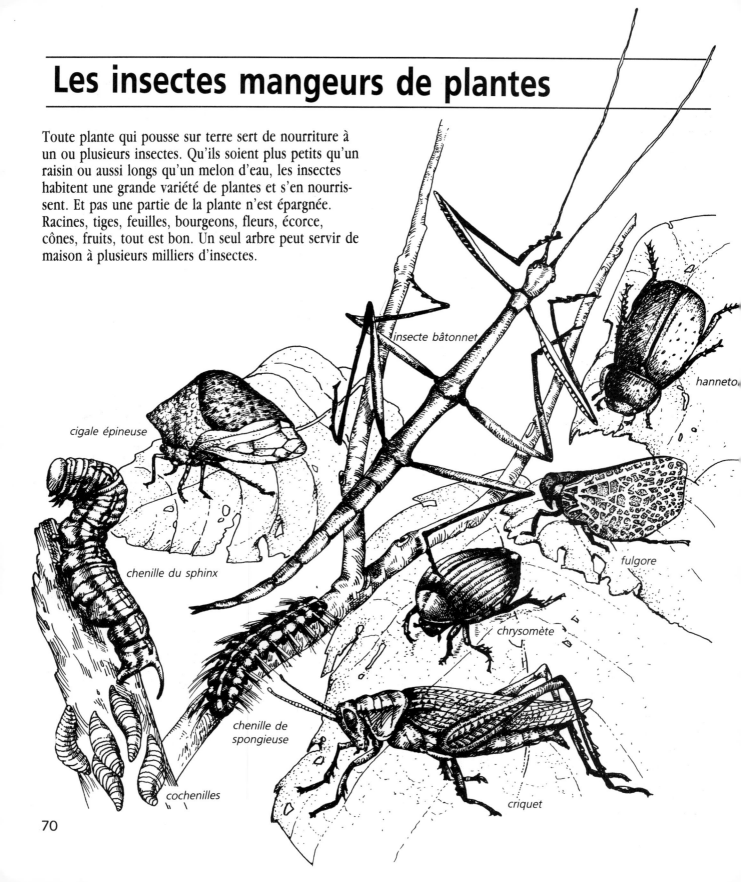

insecte bâtonnet

hanneto

cigale épineuse

chenille du sphinx

fulgore

chrysomète

chenille de spongieuse

cochenilles

criquet

Mâcheurs et suceurs

Que dirais-tu de manger ton repas avec une paille? Certains insectes comme les pucerons et les cicadelles font des petits trous dans la tige des plantes et en sucent la sève avec leur bouche en forme de paille. Les coléoptères, les chenilles et quelques autres insectes mâchouillent des morceaux de plantes. Si un grand nombre d'insectes mangeurs de plantes, comme les chenilles à tente et les chenilles de spongieuses, se rassemblaient pour un festin, ils pourraient défolier plusieurs hectares de forêt.

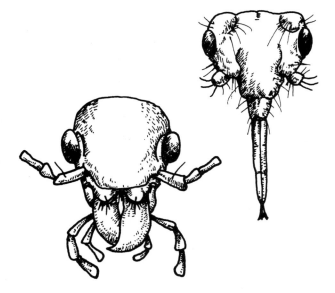

Les gros mangeurs

Quand les doryphores débarquent dans un champ de pommes de terre, ils s'installent et mangent sans arrêt jusqu'à épuisement de la nourriture. Ces insectes sont une vraie calamité pour les agriculteurs. Comment les arrêter? Les fermiers dépensent chaque année des millions de dollars en produits chimiques pour contrôler les insectes nuisibles. Mais il existe une autre façon de le faire: planter des champs de pommes de terre plus petits au lieu d'un seul gros. Quand d'autres cultures sont plantées entre ceux-ci, comme les fèves par exemple, elles bloquent la route aux «bibittes à patates». Des petits champs aux cultures variées sont sans doute plus coûteux et exigent plus de travail. Mais, sans endommager l'environnement, ils aident à réduire les pertes et dommages causés chaque année par les insectes.

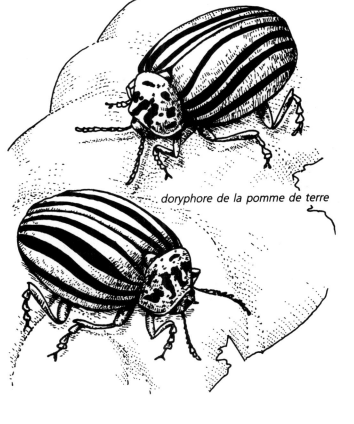

doryphore de la pomme de terre

Les fèves sauteuses mexicaines

Les fascinantes petites graines sautantes et roulantes de certaines plantes mexicaines n'ont rien de magique. Ce sautillement est causé par les mouvements d'une larve qui mange la graine de l'intérieur.

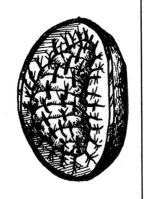

71

Les plantes mangeuses d'insectes (plantes insectivores)

Si tu aimes la science-fiction, tu as probablement lu des histoires de plantes carnivores qui terrorisent les gens et les animaux. Mais savais-tu qu'il existe environ 45 sortes de plantes insectivores? Elles n'attaquent pas les gens, bien sûr, mais elles attrapent et digèrent une foule de petits insectes.

Fermeture hermétique

La dionée tue-mouche est célèbre dans le monde entier mais ne pousse qu'en Caroline du Nord et du Sud, aux États-Unis. Ses feuilles sont frangées de longs poils très sensibles au toucher. Quand elle est dérangée par un insecte, la feuille se referme sec, comme une huître, et emprisonne la proie à l'intérieur.

Trappe

L'utriculaire se sert d'une trappe pour piéger les insectes. Elle pousse dans les marais et les étangs et possède des vésicules en forme de poche, attachées aux feuilles flottantes. Ces vésicules sont frangées de poils. Dès qu'un insecte y touche, la trappe s'ouvre, la vésicule se gonfle et la proie est aspirée à l'intérieur.

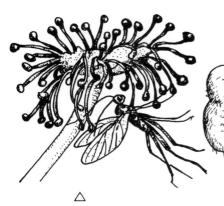

Liquide collant

Les rossolis sont peut-être petites, mais elles sont redoutables pour les insectes. Leurs feuilles à longs poils sécrètent des gouttelettes gluantes et les insectes imprudents restent pris sur ces poils collants. Ensuite, les feuilles se replient et enferment les insectes dans une sorte d'estomac temporaire.

Boisson dangereuse

Si tu étais un insecte, tu éviterais de t'arrêter pour te rafraîchir à la sarracénie. Celle-ci attire les insectes vers des petits pots remplis de liquide. Une fois là, les imprudents ne peuvent ressortir car les parois sont couvertes de poils qui les empêchent de s'échapper. Une fois pris au piège, ils se noient et sont rapidement digérés.

Fabrique un piège

De la même façon qu'une sarracénie, tu peux attraper un insecte, mais au lieu de manger ta proie, regarde-la de près avant de la laisser partir.

Tu as besoin:

d'un entonnoir de plastique
d'un couteau aiguisé
d'un morceau de fruit juteux ou de
  jus de fruit
d'un pot à large ouverture

1. Demande à un adulte de couper la petite partie de l'entonnoir pour que l'ouverture ait à peu près 1 cm de diamètre.
2. Frotte ton morceau de fruit contre les bords de l'entonnoir ou verses-y du jus pour qu'il soit bien collant et sucré.
3. Dépose le morceau de fruit au fond du pot.
4. Place l'entonnoir sur le dessus du pot, la partie étroite vers le bas.
5. Installe ton piège à l'extérieur dans un endroit aéré comme un champ ou une cour arrière, et attends ton premier visiteur. Observe bien ce qui se passe quand une mouche ou une guêpe se pose sur l'entonnoir. Le fruit l'attirera dans l'entonnoir puis dans le pot en dessous, tout comme la plante le fait avec ses proies. Une fois dans le pot, la petite bête ne sera pas capable de ressortir jusqu'à ce que tu retires l'entonnoir.

Nés pour manger

Tu te sers d'un couteau, d'une fourchette ou d'un verre pour manger et pour boire mais comment se débrouillent les insectes? Certaines parties de leurs corps sont spécialement adaptées pour manger mais aussi pour attraper et transporter la nourriture. Ils sont souvent semblables aux couverts que tu utilises dans la maison.

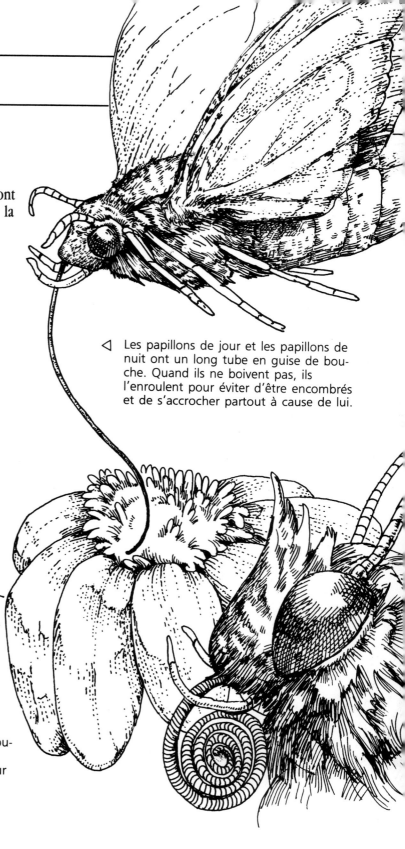

▷ Les papillons de jour et les papillons de nuit ont un long tube en guise de bouche. Quand ils ne boivent pas, ils l'enroulent pour éviter d'être encombrés et de s'accrocher partout à cause de lui.

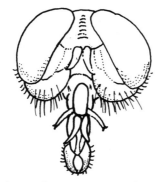

▷

La mouche domestique, par exemple, a une langue comme une éponge. Le bout large et charnu de ses parties buccales absorbe le liquide au contact. Les mouches sont très efficaces pour nettoyer les dégâts.

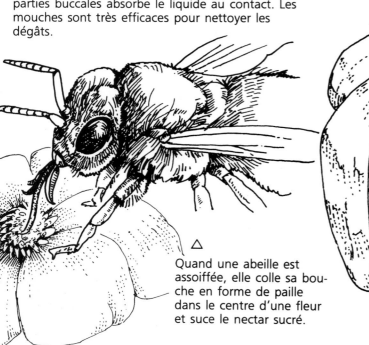

△

Quand une abeille est assoiffée, elle colle sa bouche en forme de paille dans le centre d'une fleur et suce le nectar sucré.

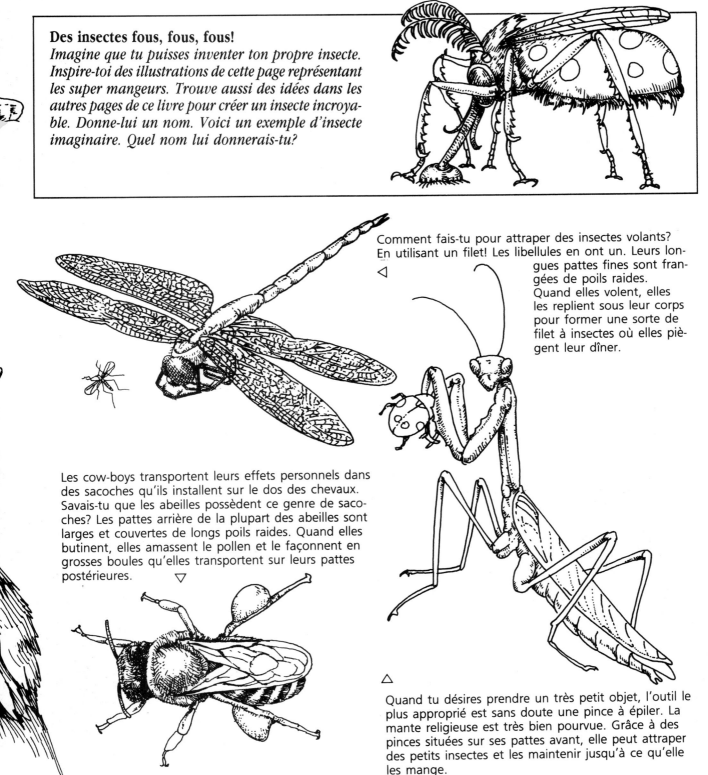

Des insectes fous, fous, fous!

Imagine que tu puisses inventer ton propre insecte. Inspire-toi des illustrations de cette page représentant les super mangeurs. Trouve aussi des idées dans les autres pages de ce livre pour créer un insecte incroyable. Donne-lui un nom. Voici un exemple d'insecte imaginaire. Quel nom lui donnerais-tu?

Comment fais-tu pour attraper des insectes volants? En utilisant un filet! Les libellules en ont un. Leurs longues pattes fines sont frangées de poils raides. Quand elles volent, elles les replient sous leur corps pour former une sorte de filet à insectes où elles piègent leur dîner.

Les cow-boys transportent leurs effets personnels dans des sacoches qu'ils installent sur le dos des chevaux. Savais-tu que les abeilles possèdent ce genre de sacoches? Les pattes arrière de la plupart des abeilles sont larges et couvertes de longs poils raides. Quand elles butinent, elles amassent le pollen et le façonnent en grosses boules qu'elles transportent sur leurs pattes postérieures.

Quand tu désires prendre un très petit objet, l'outil le plus approprié est sans doute une pince à épiler. La mante religieuse est très bien pourvue. Grâce à des pinces situées sur ses pattes avant, elle peut attraper des petits insectes et les maintenir jusqu'à ce qu'elle les mange.

75

Les animaux mangeurs d'insectes (les insectivores)

En une année seulement, un couple de drosophiles se multiplie suffisamment pour former une chaîne de mouches qui irait de la Terre à la Lune. Heureusement, une foule d'animaux insectivores aide à garder sous contrôle les populations d'insectes.

Nous devons surtout des remerciements aux oiseaux et aux poissons. Mais qui d'autre aime manger des insectes? Plusieurs milliers d'animaux dépendent des insectes pour leur survie, notamment les grenouilles, les serpents, les lézards, les tortues, les musaraignes, les souris, les chauves-souris, les araignées et aussi un bon nombre d'insectes également.

Tu sais combien il est difficile d'attraper une mouche, alors comment les insectivores font-ils pour en attraper assez pour survivre? Jette un coup d'oeil sur ces super chasseurs d'insectes.

Tire la langue

Jusqu'où peux-tu sortir ta langue? Celle d'un fourmilier peut s'allonger de 38 cm! Après avoir éventré un nid de fourmis avec ses griffes, le fourmilier colle son museau tubulaire dans le trou. Au bout de son museau se trouve une petite ouverture d'où sort une grande langue collante qui ressemble à un ver. Les fourmis collent sur cette langue et l'animal n'a plus qu'à la ramener pour les avaler.

Écho... Écho... Écho...

As-tu déjà entendu l'écho de ta voix dans une grande pièce vide? L'écho est produit par le rebondissement du son qui revient à tes oreilles après avoir frappé sur les murs de la pièce. Les chauves-souris insectivores utilisent l'écho pour trouver leur nourriture. Les cris qu'elles émettent rebondissent sur les insectes volant à proximité et reviennent à elles. En fonction de l'endroit d'où provient le son et du temps qu'il prend pour revenir, la chauve-souris sait dans quelle direction l'insecte se trouve et à quelle distance il est.

Malin comme un singe

Les chimpanzés utilisent des outils pour déguster de délicieux termites. Mais ils ne vont pas jusqu'à utiliser une clé à écrous. Les chimpanzés enfoncent un long bâton dans le nid de boue en forme de château des termites et en ramènent les insectes. Ensuite, ils lèchent les insectes qui ont grimpé sur le bâton ou les prennent avec leurs doigts.

Une faim d'ours

Winnie l'ourson raffole du miel … comme beaucoup d'autres ours d'ailleurs. Mais ceux-ci, au lieu de le prendre dans un pot, vont le chercher dans une ruche qu'ils ouvrent d'un coup de griffes avant d'y plonger leurs grosses pattes qu'ils retirent pleines de miel … et d'abeilles. Mais qu'en est-il des piqûres? Les ours n'ont pas l'air d'en faire grand cas. Peut-être se disent-ils «qui ne tente rien n'a rien» …

Aspirateurs volants

Essaie d'imaginer un aspirateur d'insectes en plein ciel. C'est exactement ce que sont les engoulevents. Les becs courts et fragiles de ces oiseaux sont largement ouverts quand ils volent et leur permettent de gober les insectes dans les airs.

Insectes au menu

«Passez-moi les fourmis s'il vous plaît!» Si tu étais invité à une soirée chic, tu trouverais peut-être des insectes dans les hors-d'oeuvres: fourmis et abeilles au chocolat, sauterelles confites ou même des larves frites. Manger des insectes n'est pas nouveau! Depuis des milliers d'années, les gens de différents pays mangent des larves, des coléoptères, des criquets, des cigales, des grillons, des chenilles, des termites, des fourmis et une foule d'autres bestioles. En fait, les larves sont la seule source de protéines pour beaucoup d'aborigènes australiens. Cela te tente d'essayer? Trouve un magasin d'aliments spécialisés et bonne dégustation!

Insectes en danger

Combien de gens habitent dans ta ville? Si tu vis dans une grande ville, elle peut compter plus d'un million d'habitants; par contre, une petite cité ne peut en avoir que quelques milliers. Maintenant, essaie d'imaginer l'immense population des insectes. Il y a en moyenne 200 000 insectes pour chaque personne sur la Terre. Tout comme dans les grandes et les plus petites villes, leurs populations ne sont pas réparties également. En général, il y a plus d'insectes dans les régions chaudes que dans les régions froides.

Même s'il existe une foule d'insectes, certains d'entre eux sont en danger. Si l'on ne fait rien, plusieurs insectes disparaîtront à tout jamais de la surface de la Terre. Et puis après? Les insectes ne sont pas les favoris de tous mais ils jouent un rôle vital dans la nature et contribuent grandement à notre façon de vivre. Ils procurent de la nourriture à des milliers d'oiseaux, de mammifères et de poissons; ils aident à polliniser les fleurs, les fruits et les légumes et fournissent aux humains des produits comme le miel et la soie. Pourquoi certains insectes sont-ils en train de disparaître? Lis ce qui suit pour savoir où sont les problèmes et comment on peut limiter les dégâts.

Où sont les problèmes?

Comme beaucoup d'espèces en voie de disparition, le plus gros problème de certains insectes est la perte de leur habitat, c'est-à-dire une place sûre pour se reproduire, manger et s'abriter. Les forêts tropicales, où vivent plus de la moitié des insectes du monde, sont en train d'être détruites. Et les endroits humides qui abritent des millions d'insectes sont asséchés. Les insectes perdent leurs maisons!

La beauté de certains insectes est leur pire ennemie. Les magnifiques papillons de jour et les papillons de nuit multicolores constituent les pièces maîtresses des collections d'insectes. Certains collectionneurs paient des fortunes pour des espèces rares. Ceci ne fait qu'encourager les gens à les rechercher pour les tuer et les vendre. Malheureusement, plus une espèce est en danger, plus on la pourchasse.

Autre problème: la compétition avec les nouveaux voisins. Chaque région possède ses propres espèces de plantes et d'animaux, incluant les insectes. Dans des conditions naturelles, ils vivent tous ensemble dans un écosystème équilibré. Mais quand on y introduit une plante, un animal ou une maladie provenant d'un autre

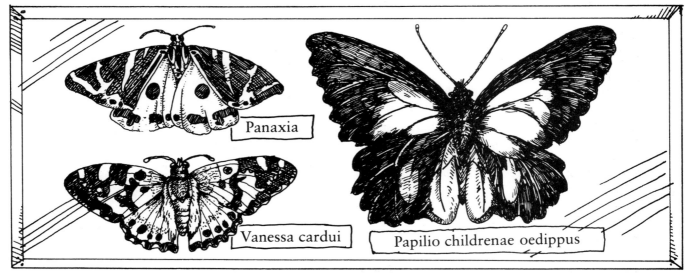

Panaxia

Vanessa cardui

Papilio childrenae oedippus

pays, l'équilibre est menacé. Par exemple, l'étourneau sansonnet, dont l'espèce d'oiseau est la plus abondante en Amérique du Nord, même si elle n'y est présente que depuis la fin du XIXe siècle. Un Anglais a introduit l'étourneau en Amérique du Nord parce qu'il voulait y voir tous les oiseaux qui vivaient en Angleterre. Malheureusement, certains oiseaux d'ici, comme le merle bleu de l'Est, en ont beaucoup souffert. Les étourneaux leur font la compétition pour obtenir les meilleures places pour nicher, et c'est en partie de leur faute si la population des merles bleus est en nette diminution.

Sauvons les insectes!

Tu veux aider les insectes, mais tu n'as pas la moindre idée de ce que tu peux faire? Voici quelques petits trucs à ta portée pour sauver ces petites bêtes.

☐ Cesse d'écraser et de vaporiser d'insecticide tous les insectes que tu vois; apprends à vivre avec eux. Certains, comme les moustiques, peuvent être vraiment agaçants, mais ce n'est pas le cas des coccinelles et des mantes religieuses, alors laisse-les s'en aller.

☐ Choisis d'observer les insectes dans la nature au lieu de les collectionner.

☐ Encourage les groupes environnementaux qui travaillent à protéger les espèces en danger, soit en faisant du bénévolat, soit en donnant de l'argent pour la recherche et la protection des habitats. Tu peux gagner de l'argent en faisant bien des choses: vendre des journaux ou laver des autos, par exemple. Les sommes amassées peuvent faire la différence. Un club de Sarnia en Ontario, le Lambton Wildlife Inc., a acheté une terre où vivait une espèce menacée: le bleu de Karner. Les dons faits par des individus et par des groupes de conservation ont permis au club de sauver l'espèce.

☐ Fais connaître à tes amis le monde fascinant des insectes. Organise un club à l'école et enseigne aux autres élèves l'importance de protéger les insectes. Plus ils en sauront, plus ils voudront t'aider.

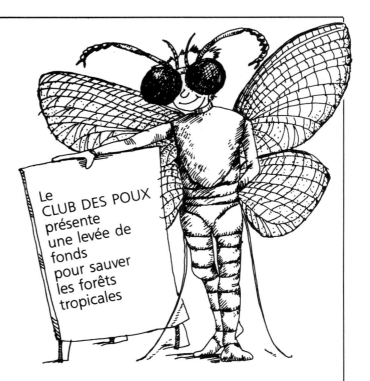

Le CLUB DES POUX présente une levée de fonds pour sauver les forêts tropicales

☐ Informe-toi sur ce qui se fait dans les autres pays pour aider à la protection des insectes. Par exemple, les forêts tropicales sont l'habitat de milliers d'insectes. Si ces forêts sont détruites, nous perdrons une foule d'espèces. Les groupes environnementaux internationaux, comme le World Wildlife Fund, travaillent pour sauver les forêts tropicales d'Amérique Centrale et d'Amérique du Sud. Ils utilisent les dons faits à leur organisme pour racheter une partie de ces forêts et les protéger pour toujours.

Une partie de cache-cache

Si tu désirais un camouflage parfait pour te cacher en forêt, tu utiliserais sûrement des vêtements verts et bruns. Beaucoup d'insectes se cachent au moyen de couleurs spéciales. Certains ont même une forme particulière qui les aide à mieux se camoufler. Ces insectes sont déguisés pour ressembler à des bâtons, des feuilles, des aiguilles, des épines, des fleurs, des écorces et même des fientes d'oiseaux! Mais pourquoi donc se compliquer tant la vie avec ces déguisements élaborés? Pour éviter de se faire manger par les oiseaux! Essaie d'imaginer que tu es un oiseau affamé. Peux-tu trouver les 14 insectes qui se cachent dans cette illustration? Les réponses sont à la page 96.

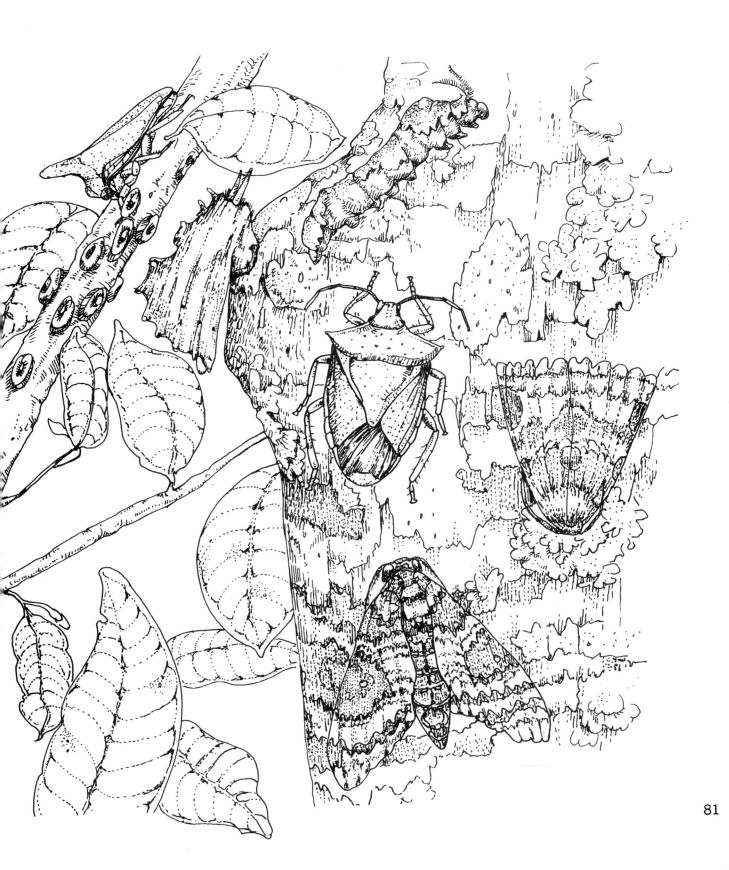

Les Faux Insectes

Peux-tu faire la différence entre un véritable insecte et un imitateur? Qu'est-ce que les insectes possèdent que les chilopodes et les araignées n'ont pas? Comment parvenir à faire tisser une araignée et comment collectionner les toiles? Découvre tout cela et davantage dans les pages suivantes!

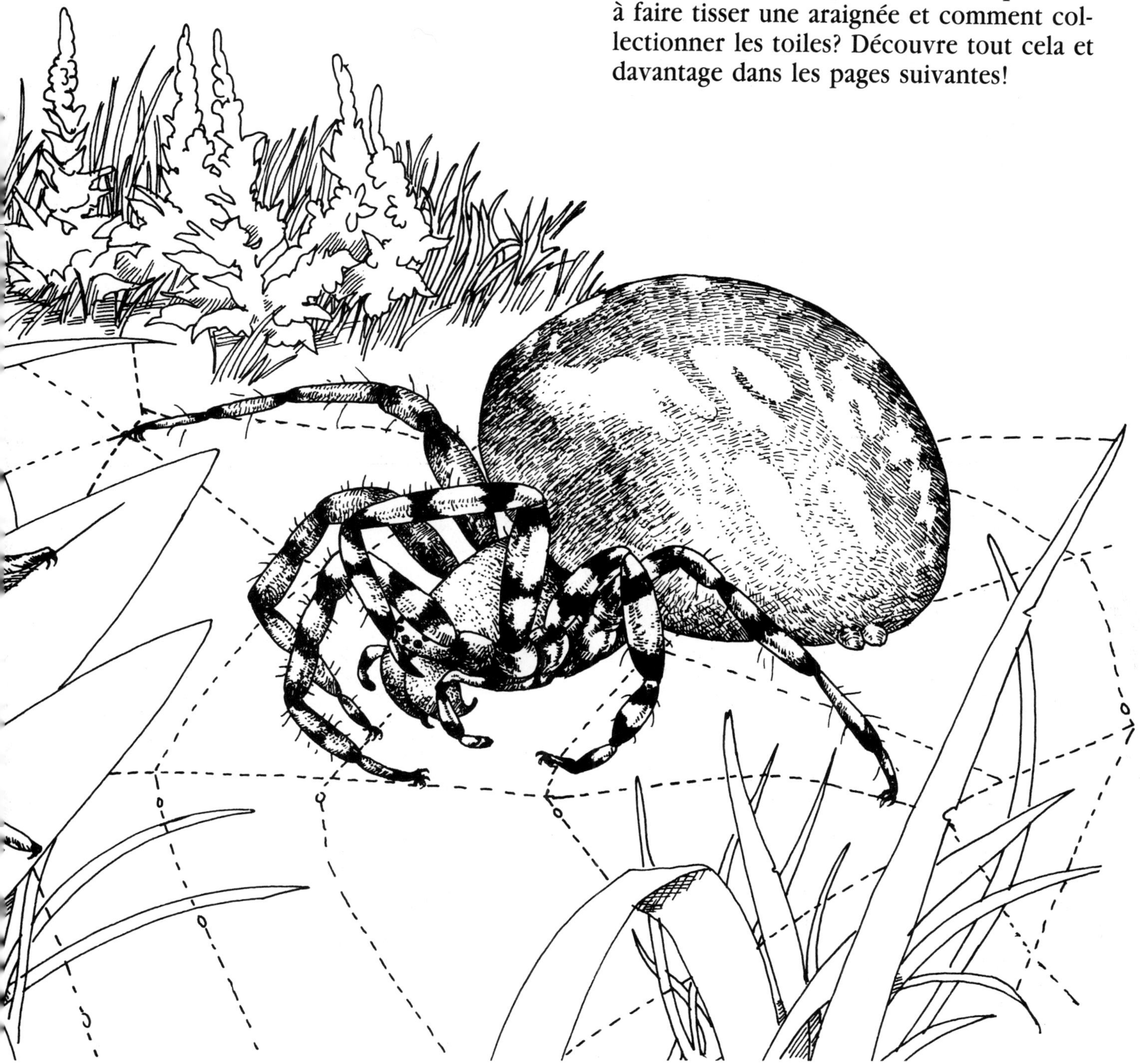

Comment identifier les insectes?

Voici la liste des caractéristiques des insectes adultes. Les insectes immatures, eux, sont trop différents les uns des autres pour que l'on puisse isoler des caractéristiques générales qui permettraient de les reconnaître. Seule la pratique te permettra d'y parvenir.

☐ 6 pattes
☐ un corps divisé en 3 parties: tête, thorax et abdomen
☐ 2 antennes
☐ 1 ou 2 paires d'ailes pour la plupart

Consulte la lilste qui décrit les caractéristiques d'un insecte adulte. Essaie ensuite de trouver les vrais insectes dans cette page. (Les réponses sont à la page 96.)

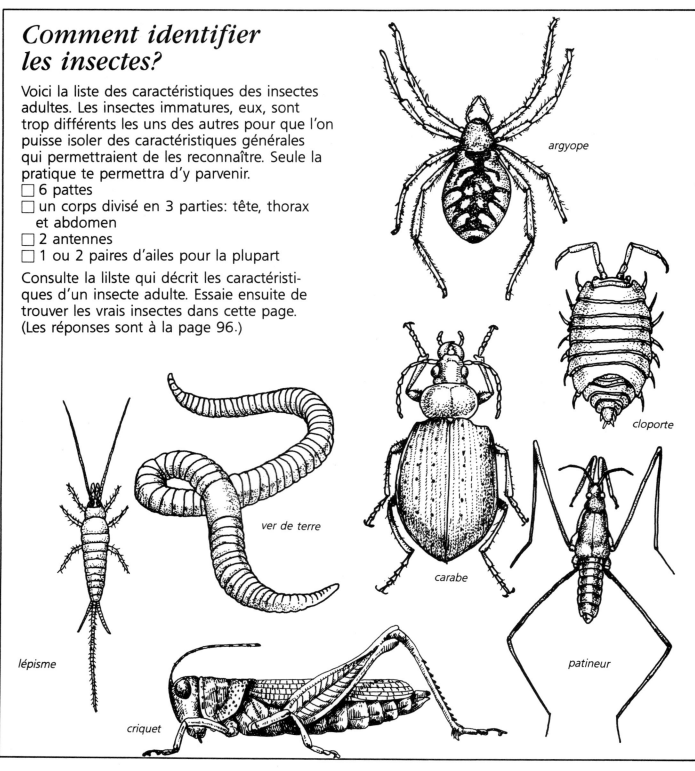

argyope

cloporte

ver de terre

carabe

lépisme

patineur

criquet

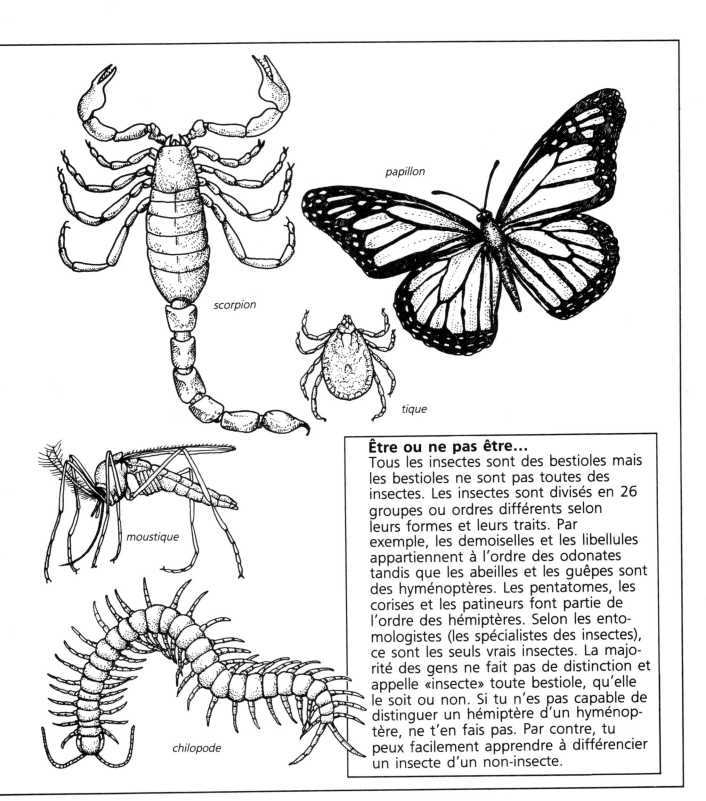

scorpion

papillon

tique

moustique

chilopode

Être ou ne pas être...

Tous les insectes sont des bestioles mais les bestioles ne sont pas toutes des insectes. Les insectes sont divisés en 26 groupes ou ordres différents selon leurs formes et leurs traits. Par exemple, les demoiselles et les libellules appartiennent à l'ordre des odonates tandis que les abeilles et les guêpes sont des hyménoptères. Les pentatomes, les corises et les patineurs font partie de l'ordre des hémiptères. Selon les ento-mologistes (les spécialistes des insectes), ce sont les seuls vrais insectes. La majo-rité des gens ne fait pas de distinction et appelle «insecte» toute bestiole, qu'elle le soit ou non. Si tu n'es pas capable de distinguer un hémiptère d'un hyménop-tère, ne t'en fais pas. Par contre, tu peux facilement apprendre à différencier un insecte d'un non-insecte.

Et vint une araignée...

L'araignée est une très habile chasseuse, fascinante à observer. La prochaine fois que tu verras une araignée, ne te sauve pas. Assieds-toi et regarde-la piéger un festin d'insectes. Souviens-toi que les araignées ne sont pas des insectes, même si elles leur ressemblent étrangement.

Les fileuses de soie

Savais-tu que la soie d'araignée est plus forte que du fil de fer de la même grosseur? Les araignées l'utilisent pour tisser une solide toile qui se transforme en piège à insectes, mais elles s'en servent aussi pour ligoter leurs proies et les empêcher de s'enfuir. Elles l'utilisent également pour tapisser leur terrier, envelopper leurs oeufs et se suspendre.

La soie utilisée pour filer provient de glandes spéciales, appelées glandes séricigènes, situées dans l'abdomen de l'araignée. C'est un liquide qui au contact de l'air durcit immédiatement et devient un fil fort et très extensible.

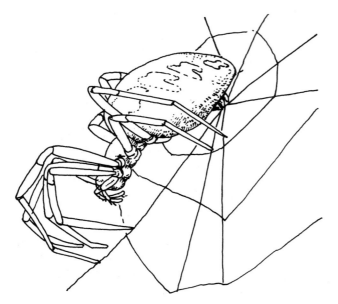

Les vagabondes et les tisseuses

Ce ne sont pas toutes les araignées qui tissent une toile pour attraper leur nourriture. Les araignées vagabondes chassent habituellement leurs proies sur le sol. Les tisseuses et les vagabondes ont des outils différents pour capturer leur nourriture. Quand tu trouves une araignée, essaie de savoir si elle fait partie des tisseuses ou des vagabondes. Utilise une loupe pour examiner ses caractéristiques:

Les vagabondes

- 2 gros yeux et 6 petits, ce qui leur assure une bonne vision et leur permet de surveiller tant les prédateurs que leurs proies.
- Des mâchoires grosses et puissantes qui leur servent à agripper et maintenir leurs proies.
- Des poils sur les pattes et sur le corps, qui agissent comme senseurs et leur permettent de trouver leur chemin et de dénicher leurs victimes.
- 2 griffes sur chaque patte, séparées par des coussinets poilus qui les aident à s'agripper aux surfaces glissantes.

Les tisseuses

- 8 yeux minuscules et une vision faible. Elles utilisent leur toucher pour percevoir les vibrations de leur toile et repérer leurs proies.
- Des mâchoires plus petites et plus faibles puisque la toile aide à retenir les proies.
- Des pattes longues et minces qui assurent un meilleur équilibre et des mouvements agiles et rapides sur la toile.
- 3 griffes sur chaque patte; la griffe centrale s'accroche au-dessus des fils de soie de la toile.

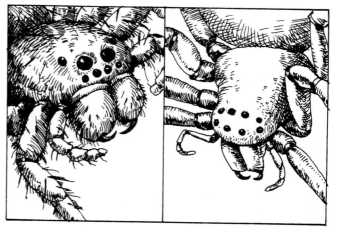

Toujours plus haut, toujours plus loin

Voguer en ballon est un sport qui n'est pas réservé aux seuls humains. Pour les bébés araignées, c'est aussi une façon de quitter le nid familial. Les jeunes araignées grimpent au sommet d'une tige d'herbe ou d'un poteau de clôture, pointent leur abdomen dans l'air et libèrent un long fil de soie. La brise attrape la soie dans son courant et, doucement, soulève les jeunes araignées dans les airs en les transportant comme des ballons. Certaines peuvent voyager sur des centaines de kilomètres! C'est surtout au début de l'automne que l'on peut voir les petites araignées flotter dans les airs.

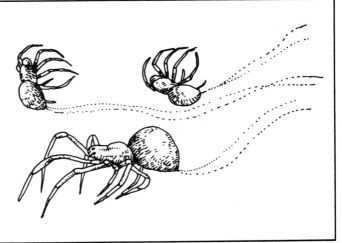

Des araignées sournoises

Les araignées sont les ennemies numéro un des insectes. En fait, elles sont les plus importantes destructrices d'insectes du monde. Comment s'y prennent-elles? Certaines construisent des pièges, d'autres ont un corps spécialement adapté pour la chasse. Voici quelques-unes de leurs techniques de chasse:

Pour attraper leur souper, les araignées sauteuses peuvent sauter plus de 50 fois leur propre taille. Imagine, il te faudrait sauter la longueur d'un terrain de football pour les égaler! Elles traquent leurs proies avec précaution, bondissent ensuite dans les airs et atterrissent en plein sur le dos des insectes surpris.

Les araignées-crabes se cachent sur les fleurs. Quand les mouches, les phalènes ou les abeilles viennent y faire un tour, elles les coincent dans leurs pattes avant en forme de pinces de crabe. Comme ces petites araignées peuvent prendre la couleur de la fleur où elles se trouvent, elles sont vraiment très difficiles à voir. Inspecte certaines fleurs de ton jardin de plus près pour voir si l'une d'entre elles n'y serait pas dissimulée.

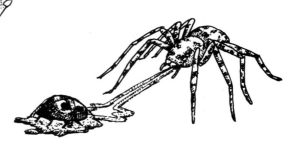

Cracher est très impoli, surtout à table, sauf pour une araignée scytodidé. Elle crache sur une victime malchanceuse un liquide gluant qui sort de ses crocs. Le pauvre insecte reste alors pris au piège et ne peut échapper à l'araignée affamée.

Mortelle randonnée...

Si tu regardes attentivement les araignées, tu peux en distinguer plusieurs espèces ainsi que les pièges variés qu'elles utilisent pour attraper leurs proies. Les araignées tissent de bien des façons: toiles en forme de draps, d'entonnoir ou de trappes. Les vagabondes ont elles aussi d'intéressantes maisons. Observe quelques-uns de leurs pièges et la façon dont elles les utilisent pour capturer leur souper.

Toile de maison

Si tu as oublié d'épousseter tous les petits coins de ta chambre, tu trouveras sûrement quelque part une araignée qui aura emménagé. Les toiles d'araignée sont fréquentes dans les maisons. Leurs propriétaires les utilisent pour attraper les mouches domestiques.

Toile en trappe

L'araignée cténizidé construit une maison truquée. Elle creuse une trappe tubulaire sous terre et la tapisse de soie. Ce tube est fermé par un couvercle fait de terre et de soie, avec des charnières de soie. Un peu comme les bouches d'égouts que l'on voit dans les rues. L'araignée se tapit dans son trou et ouvre juste assez son couvercle pour voir à l'extérieur. Dès qu'un insecte vient rôder autour, l'araignée bondit, paralyse l'imprudent d'une morsure et l'emmène ensuite dans son antre.

araignée cténizidé attrapant une coccinelle

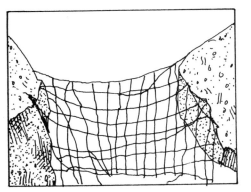

Toile en drap

Certaines araignées ne tissent pas des toiles compliquées, elles fabriquent seulement une sorte de grand drap de soie pour attraper leur dîner. Ces draps peuvent pendre entre les plantes, les roches ou tout autre endroit où l'araignée espère faire une bonne chasse.

Toile en tube

L'araignée atypidé construit une toile tubulaire sur le tronc des arbres. En mélangeant sa soie avec de la poussière, elle camoufle cette toile contre l'écorce. Elle s'y cache et fait le guet, attendant la venue d'un visiteur. Quand un imprudent passe à sa portée, l'araignée attaque, paralyse sa victime à travers la paroi du tube et ensuite l'emporte à l'intérieur.

▷

◁ **Toile en entonnoir**
Certaines araignées tissent dans l'herbe une toile en forme d'entonnoir. Elles se dissimulent dans la partie étroite, attendant que les insectes s'y posent. Quand cela se produit, elles surgissent de leur trou et attrapent leurs victimes.

L'observation des toiles ...

Pourquoi n'inviterais-tu pas une araignée à venir filer sa toile chez toi pour voir comment elle s'y prend?

Tu as besoin:
d'une branche fourchue
d'un grand récipient en verre de 4 litres environ
d'un morceau de moustiquaire fine
d'un gros élastique
d'insectes
d'un vaporisateur avec de l'eau

1. Place la branche dans le récipient.
2. Trouve une araignée tisseuse, une épeire par exemple, et installe-la dans ton pot, sur la branche.
3. Couvre le récipient avec la moustiquaire et fixe-la avec l'élastique.

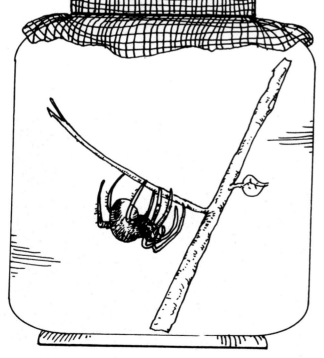

4. Observe l'araignée tisser sa toile. Quand elle aura fini, donne-lui quelques insectes vivants, comme des mouches ou des moustiques, et regarde-la passer à l'action.

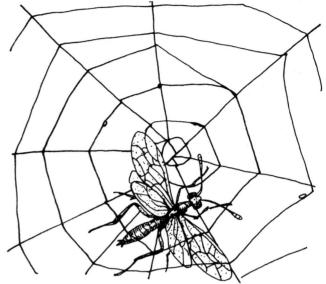

5. Vaporise légèrement la toile avec l'eau car l'araignée a besoin d'une certaine humidité.

6. Délivre l'araignée après ta journée d'observation.

... et la collection!

Contrairement aux nids d'oiseaux, les toiles d'araignées peuvent être collectionnées sans danger pour leurs propriétaires. Les araignées reconstruisent leur toile souvent et rapidement. Tu peux collectionner différentes formes ou modèles de toiles ou bricoler en utilisant certaines d'entre elles.

Tu as besoin:

de fixatif à cheveux en vaporisateur
d'un morceau de gros papier noir
d'une paire de ciseaux
de cellophane transparente

1. Trouve une belle toile d'araignée.
2. Après t'être assuré que l'araignée est partie, vaporise la toile avec une mince couche de fixatif. Répète l'opération 3 ou 4 fois jusqu'à ce que la toile soit rigide.

3. Place le morceau de papier noir juste en dessous.
4. Très délicatement, coupe les fils qui rattachent la toile à son support.

5. Quand elle tombe, rattrape la toile avec ton papier.

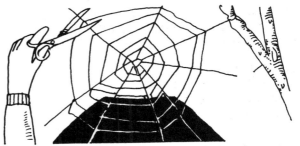

6. Vaporise une mince couche de fixatif sur le papier pour que la toile reste collée.

7. Couvre le tout avec la cellophane transparente si tu veux faire une collection.
8. Tu peux aussi utiliser des vaporisateurs de peinture aux couleurs variées pour donner un côté artistique à tes toiles. . .

Quelques faux insectes

Lors de ta prochaine chasse aux insectes, tu découvriras que plusieurs d'entre eux sont des imitateurs. Tant mieux car de toute façon les non-insectes sont tout aussi fascinants. En voici quelques-uns que tu peux chercher pendant ton expédition.

Les chilopodes

En fonction de leur espèce, ces «cent-pattes» peuvent avoir aussi peu que 28 pattes ou autant que 354. Ils possèdent 2 pattes sur chaque segment de leur corps. Ce sont d'extraordinaires chasseurs d'insectes. Ils utilisent leurs fortes mâchoires pour injecter du poison à leurs proies.

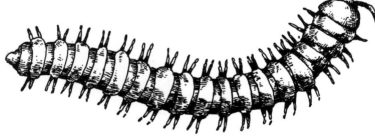

Les mille-pattes

Même si leur nom indique qu'ils en ont 1 000, les mille-pattes n'en ont pas vraiment autant. Chaque segment de leur corps possède quatre pattes; donc, plus long est le corps, plus nombreuses sont les pattes.

Les faucheurs

Surnommées «papas-longues-jambes», ces fausses araignées sont inoffensives mais elles peuvent dégager une odeur nauséabonde si tu ne les manipules pas délicatement.

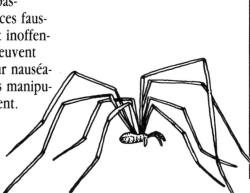

D'autres faux insectes à rechercher:

tiques
escargots
vers de terre
puces d'eau
bernacles
branchiopes
puces des sables
  (amphipodes)
limules

limaces
pauropodes
symphyles
écrevisses
araignées de mer
uropyges
  (scorpions à flagelle)
pseudoscorpions

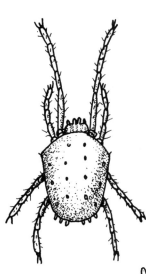

Les mites

Où peut-on trouver des mites? Dans la couche d'humus d'un hectare de terre, des millions de mites vivent, se nourrissant de plantes mortes et de déchets d'animaux. De plus, on voit souvent les petites mites d'eau, d'un beau rouge brillant, barbotant dans les étangs et les marais.

Les cloportes

Ces étranges créatures ressemblant à des petits tatous ont sept paires de pattes. Quand elles sont effrayées, elles se roulent en boule, comme des petites billes noires, contrairement à certains de leurs confrères.

Scorpions

Les scorpions possèdent de redoutables dards sur leur queue. D'un simple mouvement rapide de celle-ci, tu peux te retrouver avec une vilaine morsure, très douloureuse.

INDEX

RÉPONSES

Mesdames les abeilles...
Mesdemoiselles les guêpes, page 34
travaux de cire: abeille domestique
nids de papier: poliste
papier d'emballage: guêpe à papier
tuyaux d'orgue: guêpe maçonne
nids d'argile: guêpe potière

Être ou ne pas être?, page 84
Les vrais insectes dans l'illustration sont:
criquet
carabe
patineur
papillon
moustique
lépisme

Une partie de cache-cache, page 80

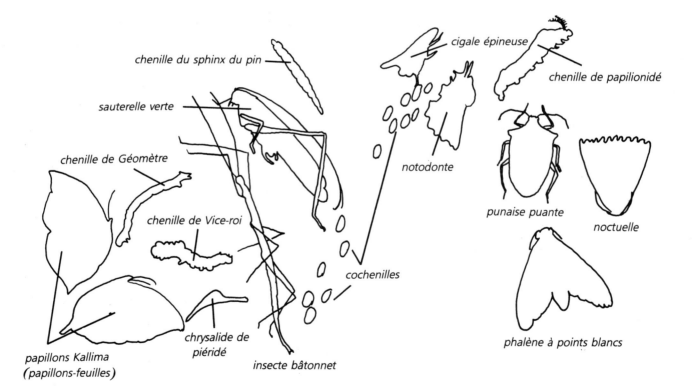

chenille du sphinx du pin

cigale épineuse

chenille de papilionidé

sauterelle verte

notodonte

chenille de Géomètre

punaise puante

noctuelle

chenille de Vice-roi

cochenilles

papillons Kallima
(papillons-feuilles)

chrysalide de
piéridé

insecte bâtonnet

phalène à points blancs